AF592040

PREMIÈRES LEÇONS
DE
GÉOGRAPHIE

CHAPITRE Ier. — Définitions.

Le mot géographie veut dire description de la terre. Etudier la géographie, c'est chercher à connaître la terre et tout ce qu'elle renferme.

La terre est la planète que nous habitons. C'est un corps errant, isolé de toutes parts dans l'espace. La terre tourne autour du soleil en 365 jours et un quart, durée de notre année. Elle tourne en même temps sur elle-même en 24 heures. Ce dernier mouvement est la cause du jour et de la nuit.

Comme toutes les autres planètes, la terre est ronde. C'est une immense boule de 40,000 kilomètres de circonférence.

La lune tourne autour de la terre en quatre semaines, un peu moins d'un mois. Le soleil est fixe. Il est un million et demi de fois plus gros que la terre.

Si l'on représentait le soleil par une boule qui aurait un mètre de diamètre, la terre serait grosse comme un pois et la lune, comme une petite graine de colza ou de luzerne.

L'eau couvre à peu près les trois quarts de la surface de la terre. La terre est entourée d'air jusqu'à une hauteur d'environ 60 kilomètres. L'air forme l'atmosphère dans laquelle nous vivons.

Pour déterminer la position d'un lieu par rapport à un autre, on a imaginé quatre points qu'on appelle points cardinaux qui sont : le levant, le couchant, le nord et le midi. Le levant s'appelle aussi est ou orient, le couchant, ouest ou occident, le nord, septentrion, le midi, sud.

Le levant est le point où le soleil se lève ; le

couchant, le point où il se couche. Le nord est le point qu'on a devant soi quand on a le levant à droite, le couchant à gauche. Le midi est le point opposé au nord. Sur les cartes, le levant est à droite, le couchant à gauche, le nord en haut, le midi en bas.

La position respective des divers lieux de la terre est déterminée à l'aide de cercles ou lignes qu'il convient de définir et d'expliquer.

La terre dans son mouvement diurne (qui dure un jour) tourne comme le ferait une pomme traversée par une aiguille, ou encore comme une roue sur son essieu. La ligne imaginaire qui traverse la terre et sur laquelle on suppose qu'elle tourne, s'appelle *axe*. Les deux extrémités de l'axe s'appellent *pôles*. La ligne qui se trouve à égale distance des pôles s'appelle *équateur*. Les pays qui se trouvent sur cette ligne ont constamment les jours égaux aux nuits. Les cercles parallèles à l'équateur s'appellent des degrés de *latitude*. Les lignes perpendiculaires à l'équateur et qui passent par les pôles s'appellent degrés de *longitude*. On les appelle aussi *méridiens*, mot qui veut dire *midi*, milieu du jour. Dans son mouvement autour du soleil, la terre suit une ligne imaginaire nommée *écliptique*, et elle est plus ou moins inclinée sur cette ligne. Cette inclinaison est la cause des saisons. C'est aussi la cause de la différence de longueur des jours et des nuits. Au 21 mars et au 21 septembre sont les *équinoxes*, la nuit égale le jour. Au 21 juin et au 21 décembre sont les *solstices*, mot qui veut dire arrêt du soleil, parce qu'il semble ensuite revenir sur ses pas. Les cercles parallèles à l'équateur que le soleil semble décrire aux époques des solstices s'appellent *tropiques*. Les pays placés entre les tropiques sont les plus chauds. Au delà des tropiques et jusqu'aux *cercles polaires*, sont les pays où la chaleur est tempérée. Au delà des cercles polaires, il n'y a guère que des glaces. La terre est ainsi partagée en *zones* ou bandes : zone *torride* ou *tropicale*, zone *tempérée*, zone *glaciale*. Nous habitons la zone tempérée.

Observations : Donner cette leçon sur un globe afin de la rendre plus accessible aux enfants. Il faut la leur faire comprendre avant de la leur faire étudier.

A défaut de globe, on se servira d'une boule quelconque. — Considérations morales et religieuses à tirer de cette première leçon.

Chapitre II. — **Notions générales.**

La terre, avons-nous dit, est couverte d'eau aux trois quarts. On nomme cette eau, océan ou mer. L'eau de la mer est salée

Deux fois en 24 heures, elle a un mouvement périodique de flux et de reflux, qu'on nomme *marée*. Ce mouvement est très-fort sur les côtes de l'Océan. Il est dû à l'attraction de la lune sur la terre. Les eaux des lacs, des fleuves, et des rivières sont des eaux douces.

On appelle *lac*, une quantité d'eau entourée de terre de tous côtés.

On donne le nom de *fleuves* à de grands cours d'eau. Les fleuves portent leurs eaux à la mer.

Les *rivières* sont des cours d'eau qui se jettent dans un fleuve ou dans une autre rivière. Quelques rivières sont aussi importantes que les fleuves.

Un *canal* est une rivière artificielle creusée par les hommes dans l'intérêt de la salubrité, de l'agriculture ou du commerce. Les canaux de *navigation* mettent en communication deux rivières ou deux fleuves.

On appelle *golfe* une partie de mer qui s'avance dans les terres. On donne parfois le nom de *baies* à de petits golfes. Les *ports* sont ordinairement situés au fond des golfes.

On appelle *confluent* le point de rencontre de deux cours d'eau. On donne le nom d'*affluent* d'un fleuve à une rivière qui se jette dans ce fleuve.

On appelle *source* l'endroit où le cours d'eau commence, et *embouchure* l'endroit où il se jette dans la mer.

On donne le nom de *bassin* à l'ensemble des pentes, des vallées parcourues par les cours d'eau qui alimentent un fleuve.

Un *détroit* est une partie de mer resserrée entre deux terres.

On appelle *continent* une vaste étendue de terres qui se tiennent et qu'on peut parcourir sans traverser la mer.

Une *île* est un espace de terre entouré d'eau de tous côtés.

Une *presqu'île* (presque une île), qu'on appelle

aussi péninsule, diffère de l'île, en ce sens qu'elle n'est pas entièrement entourée d'eau. Elle tient au continent par un seul côté.

L'*isthme* est la partie de terre qui joint la presqu'île au continent.

On appelle *côte, rivage*, la partie de terre qui est baignée par la mer.

Un *cap* ou *promontoire* est une pointe de côte qui s'avance dans la mer.

On appelle *montagnes* des masses considérables de terre ou de rochers qui s'élèvent au-dessus de la surface du globe. Une montagne isolée s'appelle *pic* ou *puy*. Une série de montagnes placées à la suite les unes des autres porte le nom de *chaine de montagnes*.

On appelle *plateau* une plaine élevée au-dessus du niveau des terres voisines.

Un *volcan* est une montagne qui vomit de temps en temps des flammes, des matières embrasées qu'on appelle *lave*. L'ouverture d'un volcan s'appelle *cratère*.

On appelle *col* une échancrure de montagne qui permet de passer d'une vallée dans une autre.

Observations : Pour l'intelligence et l'explication des définitions qui précèdent, le maître se servira des cartes et du tableau noir. Il dessinera un continent, une île, une presqu'île, un confluent, etc. Les élèves s'exerceront à retrouver soit sur les cartes, soit sur le tableau, les divers accidents géographiques qui leur auront été expliqués.

Chapitre III. — **Divisions de la terre.**

On divise la terre en cinq grandes parties qu'on appelle les cinq parties du monde. Ce sont: l'Europe, l'Asie, l'Afrique, l'Amérique et l'Océanie. L'Europe, l'Asie et l'Afrique forment l'ancien continent; l'Amérique forme le nouveau continent.

On donne encore le nom de continent austral à la grande île nommée Australie. On l'appelait autrefois Nouvelle-Hollande, parce qu'elle a été découverte par des Hollandais.

L'*Europe* est la partie du monde que nous habitons. Elle est la plus petite pour la superficie, mais elle est relativement plus peuplée que les autres. Elle est aussi la plus éclairée, la plus riche, la plus puissante. La population de l'Europe est d'environ 300 millions d'habitants. L'Europe est presque tout entière comprise dans la zone tempérée. Le climat y est doux et sain. Le sol y est moins productif qu'en Asie, en Amérique, mais il est mieux cultivé.

L'Europe a reçu ses premiers habitants de l'Asie. Elle fut pendant plusieurs siècles sous la domination romaine. Les lettres, les beaux-arts, les sciences et leurs applications, le commerce, l'industrie, ont atteint en Europe un degré de développement inconnu aux autres parties du monde. Les animaux nuisibles en ont été exterminés en partie; les espèces utiles ont été multipliées, améliorées. Le sol de l'Europe, notamment en France, est riche en vignobles. L'Europe fait un commerce immense avec les autres parties du monde. Elle en reçoit les denrées dites coloniales et leur envoie en échange ses vins, ses étoffes et tous les produits si variés de son industrie. L'Europe est le foyer de la civilisation.

L'*Asie* est la plus grande des cinq parties du monde. Elle a cinq fois environ l'étendue de l'Europe. Sa population est de 750 millions d'habitants. L'Asie produit le café, le thé, le coton, la canne à sucre. C'est de l'Asie que nous avons eu le pêcher, le cerisier, l'oranger, le mûrier, la vigne.

La Chine, immense contrée de l'Asie, et le Japon envoient à l'Europe des quantités considérables de soie que l'on tisse en partie à Lyon. Les châles cachemires viennent de l'Asie.

L'*Afrique* est trois fois plus étendue que l'Europe. Sa population est d'environ 150 millions d'habitants. C'est une immense presqu'île reliée à l'Asie par l'isthme de Suez. Le canal de Suez qui, aujourd'hui, met en communication la Méditerranée avec la mer Rouge en forme une île. L'Afrique est située presque tout entière sous la zone torride. L'équateur la traverse à peu près par le milieu. Aussi la chaleur y est extrême. L'industrie et le commerce ne sont florissants que sur les côtes.

C'est en Afrique qu'on trouve les animaux féroces, le lion, le tigre, l'hyène, le chacal, le crocodile, l'éléphant, etc. Sous l'influence du soleil des tropiques, dans quelques *oasis* (endroits arrosés et cultivés) la végétation y est forte et puissante. C'est là que viennent les plus grands arbres : le baobab, le bambou, le palmier, etc.

L'*Amérique* a quatre fois environ la superficie de l'Europe. Elle est peuplée de 80 millions d'habitants. Cette partie du monde a été découverte en 1492 par le Génois Christophe Colomb au service de l'Espagne. L'Amérique comprend une partie septentrionale et une partie méridionale reliée par l'isthme de Panama. Cette partie du monde est extrêmement riche; le sol en est d'une prodigieuse fertilité.

On y trouve aussi des mines d'or, d'argent, de fer, de plomb, de mercure et de houille. On tire du Brésil des diamants et autres pierres précieuses. L'Amérique nous envoie le coton, l'acajou, le campêche, la vanille, le sucre de canne, le quinquina, etc. Le tabac est originaire de l'Amérique et aussi le précieux tubercule appelé pomme de terre. L'Amérique fait un immense commerce avec la France et l'Europe. La contrée la plus importante de l'Amérique est la république des Etats-Unis.

Océanie. — La cinquième partie du monde comprend l'Australie qui est aussi grande que l'Europe et une multitude d'autres îles répandues dans le grand Océan. On l'appelle pour cela Océanie. Climat chaud et humide, le sol de ces îles est généralement fertile. On en doit la découverte aux navigateurs Cook (Anglais), Magellan (Portugais), Van Diemen (Hollandais), La Pérouse, Dumont d'Urville (Français).

L'Océanie est aux antipodes de l'Europe. (Le mot antipodes veut dire opposé par les pieds.) Quand il est midi à Paris il est minuit à la Nouvelle-Zélande et réciproquement. C'est en Océanie que se trouvent les peuples les moins civilisés.

Observations : Faire voir sur le globe la situation respective des cinq parties du monde, leur étendue, leurs bornes, etc.

Chapitre IV. — **Europe.**

Contrées. — On appelle contrée, une certaine

étendue de territoire soumise aux mêmes lois et au même gouvernement et dont les habitants parlent ordinairement la même langue.

L'Europe se divise en quinze contrées principales dont quatre au nord, six au milieu et cinq au sud.

Les quatre au nord sont : les Iles Britanniques, capitale *Londres*, le Danemark, capitale *Copenhague*, la Suède, capitale *Stockholm*, la Russie, capitale *Saint-Pétersbourg*.

Les six au milieu sont : la France, capitale *Paris*, la Belgique, capitale *Bruxelles*, la Hollande, capitale *La Haye*, la Suisse, villes principales *Bâle*, *Berne* et *Genève*, l'Allemagne qui comprend la Prusse et d'autres Etats secondaires, capitale *Berlin*, l'Autriche, capitale *Vienne*.

Les cinq au sud sont : l'Espagne, capitale *Madrid*, le Portugal, capitale *Lisbonne*, l'Italie, capitale *Rome*, la Turquie, capitale *Constantinople*, la Grèce, capitale *Athènes*.

Mers. — L'Europe est baignée par quinze mers dont douze petites. Les trois grandes sont : l'océan Glacial, l'océan Atlantique et la Méditerranée. Les douze petites sont la mer *Blanche*, formée par l'océan Glacial, la mer *Baltique*, la mer du *Nord*, la *Manche*, la mer d'*Irlande*, formées par l'océan Atlantique, la mer *Adriatique*, la mer *Ionienne*, l'*Archipel*, la mer de *Marmara*, la mer *Noire*, la mer d'*Asov*, formée par la Méditerranée. La mer *Caspienne* est un vaste lac d'eau salée, le plus grand du globe. Elle ne communique avec aucune autre mer.

Détroits. — Les principaux détroits de l'Europe sont : le *Sund*, entre la mer du Nord et la mer Baltique, le *Pas-de-Calais*, entre la mer du Nord et la Manche, le détroit de *Gibraltar*, entre l'océan Atlantique et la Méditerranée, et le détroit de *Constantinople*, entre la mer de Marmara et la mer Noire.

Golfes. — Les golfes principaux de l'Europe sont : les golfes de *Bothnie* et de *Finlande*, dans la mer Baltique, le *Zuiderzée*, dans la mer du Nord, le golfe de *Gascogne*, dans l'océan Atlantique, et les golfes du *Lion* et de *Gênes*, dans la Méditerranée.

Iles, presqu'îles. — Les principales îles de l'Europe sont : le *Spitzberg* et la *Nouvelle-Zemble* dans l'océan Glacial, l'*Islande*, la *Grande-Bretagne* et l'*Irlande* dans l'océan Atlantique, la *Corse*, la *Sardaigne*, la *Sicile*, les îles *Baléares* et l'île de *Candie* dans la Méditerranée.

La *Suède* avec la *Norwége*, l'*Espagne* avec le *Portugal*, l'*Italie* sont de grandes presqu'îles. La *Morée* en Grèce et la *Crimée* en Russie sont les petites presqu'îles de l'Europe.

Caps, montagnes, volcans. — Parmi les caps de l'Europe, on remarque le cap *Nord* au nord de la Suède, le cap de *la Hogue*, au nord-ouest de la France, le cap *Finistère* en Espagne, et le cap *Matapan* au sud de la Morée.

Les principales chaines de montagnes sont : les *Alpes* entre la France et l'Italie, les *Pyrénées*, entre la France et l'Espagne, les monts *Ourals* entre l'Europe et l'Asie, les monts *Balkans* en Turquie et les *Apennins* en Italie.

On compte trois volcans en Europe : l'*Hécla* en Islande, le *Vésuve* près de Naples en Italie et l'*Etna* en Sicile.

Fleuves, lacs. — Les fleuves les plus importants de l'Europe sont : la *Dvina* qui se jette dans l'océan Glacial ; la *Néva*, le *Niémen*, la *Vistule* et l'*Oder* qui se jettent dans la mer Baltique ; l'*Elbe*, le *Weser*, le *Rhin*, la *Meuse*, l'*Escaut*, la *Tamise* qui se jettent dans la mer du Nord; la *Seine* qui se jette dans la Manche; la *Loire*, la *Garonne*, le *Douro*, le *Tage*, la *Guadiana*, le *Guadalquivir*, qui se jettent dans l'océan Atlantique ; l'*Ebre*, le *Rhône*, l'*Arno*, le *Tibre*, qui se jettent dans la Méditerranée; le *Pô* et l'*Adige*, dans la mer Adriatique; le *Danube*, le *Dniéper*, dans la mer Noire; le *Don*, dans la mer d'Azov, et le *Volga* dans la mer Caspienne.

Les lacs principaux de l'Europe sont : les lacs *Ladoga*, *Onéga* en Russie; *Wener*, *Vettern*, *Mœlar* en Suède; *Constance*, *Genève* ou *Léman* en Suisse; *Majeur*, de *Côme* en Italie; de *Balaton* dans l'empire d'Autriche.

Chapitre V. — Notions générales sur les contrées de l'Europe.

Iles Britanniques. — Ces îles sont aussi désignées sous le nom d'Angleterre. C'est un pays au sol fertile, mais humide. Les brouillards dont l'air est souvent chargé, entretiennent une fraicheur favorable aux pâturages. On y élève beaucoup de bestiaux. L'industrie de l'Angleterre est excessivement développée. Son commerce est immense. Elle renferme de riches mines de houille. Londres, sur la Tamise, capitale, trois millions d'habitants, la plus grande ville de l'Europe. *Manchester*, *Liverpool*, *Birmingham*, *Edimbourg*, *Dublin* sont les autres villes les plus importantes.

L'Angleterre a d'immenses colonies dans toutes les parties du monde. Les plus importantes sont l'Indoustan en Asie et le Canada en Amérique. Le Canada a appartenu autrefois à la France. On y parle français. La population de toutes les colonies anglaises est de deux cent millions d'habitants. L'Angleterre proprement dite n'en a que vingt-huit millions.

Danemark. — Le Danemark ne compte pas tout à fait deux millions d'habitants. C'est un pays au sol pauvre, couvert en partie de marais et de bruyères. Les îles sont plus fertiles. L'instruction est très-développée en Danemark. Tous les Danois savent lire et écrire. La capitale est Copenhague, cent quatre-vingt mille habitants. Excellent port dans l'île de Séeland. *Elseneur*, sur le Sund.

La Suède et la Norwége ont une population de six millions d'habitants. Pays froid et peu fertile excepté dans le sud. Belles forêts, riches mines de fer. STOCKHOLM, cent cinquante mille habitants, capitale. Autres villes : *Upsal*, *Gothembourg* et *Christiania*.

La *Russie* compte soixante-quinze millions d'habitants. C'est une immense contrée qui offre toutes les variétés du climat européen. La Russie renferme de belles forêts. Elle produit du blé en abondance, des graines de toutes sortes et de riches fourrures. Mines d'or dans les monts Ourals. Capitale SAINT-PÉTERSBOURG, sur la Néva, six cent soixante mille habitants, fondée en 1703 par Pierre le Grand. Cette ville est la plus remarquable de l'Europe par la largeur, l'alignement de ses rues, l'immensité de ses places, la magnificence de ses quais. Autres villes : *Moscou*, ancienne capitale. *Varsovie*, deux cent cinquante mille habitants, ancienne capitale de la Pologne. La Russie possède en Asie la Sibérie, contrée à elle seule plus grande que l'Europe.

Belgique. — La Belgique a près de cinq millions d'habitants. Elle faisait partie de la Gaule. Sol riche et bien cultivé. Importantes mines de houille. Industrie florissante. La Belgique a été le premier pays occupé par nos ancêtres, les Francs. On y parle le français. La Belgique a les mœurs, les lois, les usages et les coutumes de la France. BRUXELLES, capitale, cent quatre-vingt mille habitants. Grand commerce de dentelles et de librairie. *Anvers*, *Gand*, *Liége*, *Mons*, *Malines* sont les autres villes principales de la Belgique.

Hollande. — La Hollande a près de quatre millions d'habitants. Climat humide, sol plus bas que la mer en certains endroits. Industrie active, commerce considérable. Capitale LA HAYE, quatre-vingt-quinze mille habitants. La ville la plus importante est *Amsterdam*, deux cent quatre-vingt mille âmes, port sur le golfe de Zuiderzée. Autres villes : *Rotterdam, Utrecht, Leyde, Maëstricht*. Cette dernière était autrefois le chef-lieu du département français appelé Meuse-Inférieure.

La Hollande a d'importantes colonies. La plus grande est Bornéo en Océanie.

La *Suisse* compte deux millions et demi d'habitants. C'est un pays célèbre par ses sites pittoresques, ses montagnes, ses glaciers, ses lacs, ses vallées délicieuses. Le sol est peu fertile en céréales et la production ne peut suffire à la consommation des habitants. Grande fabrication d'horlogerie. Les vingt-deux cantons de la Suisse forment autant de petites républiques ayant chacune leur gouvernement. Les affaires générales sont soumises à un conseil fédéral dont le siége est à Berne. Cette ville a une population de trente-six mille habitants. *Genève*, sur le lac de ce nom. Sous la première république, c'était le chef-lieu du département français appelé le *Léman*. *Bâle*, sur le Rhin.

Observations : Tracer au tableau noir la forme de l'Europe et celle des contrées. Indiquer la place des principales villes. Parler du commerce, de l'industrie, des productions du sol, etc.

Chapitre VI. — **Contrées de l'Europe** (suite).

Allemagne. — L'empire d'Allemagne tel que l'a fait la néfaste guerre de 1870-71, n'est point un Etat unique, mais une confédération de vingt-six Etats alliés avec la Prusse et sous sa dépendance : car s'ils conservent leur gouvernement intérieur particulier, ils ont dû abandonner au roi de Prusse avec le titre d'empereur d'Allemagne, la direction des affaires, le commandement de toutes les forces allemandes de terre et de mer. La Prusse est ainsi maîtresse de toute l'Allemagne. Le nouvel empire compte quarante-un millions d'habitants. L'est de l'Allemagne, la Prusse, offre des plaines peu fertiles en général. Le pays est pauvre, couvert de lacs et de marais. L'ouest, sur les bords du Rhin, renferme des forêts et des vallées fertiles. Les plus riches pays de l'empire allemand sont les malheureuses provinces, l'Alsace et la partie de la Lorraine qui ont été violemment arrachées à la France en 1871. BERLIN, huit cent vingt-cinq mille âmes, capitale de la Prusse et de l'empire, centre industriel. Les autres villes sont : *Breslau*, *Dantzig*, *Dresde*, capitale de la Saxe, *Hanovre*, *Munich*, capitale de la Bavière. Sur la rive gauche du Rhin : *Aix-la-Chapelle*, *Mayence*, *Trèves*, *Coblentz*, villes qui de 1797 à 1815 étaient les chefs-lieux des départements français de la *Roër*, du *Mont-Tonnerre*, de la *Sarre* et de *Rhin-et-Moselle*. *Metz*, *Strasbourg* et *Colmar* étaient avant 1870 les chefs-lieux de nos regrettés départements de la *Moselle*, du *Bas-Rhin* et du *Haut-Rhin*.

La population de l'Allemagne s'accroît rapidement. Le pays ne peut nourrir tous ses habitants. Beaucoup d'Allemands émigrent. Sans colonies nulle part, les Allemands sont partout.

Autriche. — L'empire d'Autriche a une population de trente-six millions d'habitants. C'est un assemblage incohérent de peuples divers, ne parlant pas la même langue, ayant une histoire et des mœurs différentes. L'Autriche renferme des richesses minérales, notamment dans les montagnes de la Bohême. Les plaines de la Hongrie et de la Gallicie sont fertiles et bien cultivées. La Bohême est renommée pour ses verreries, ses cristaux. Capitale VIENNE, six cent mille habitants, sur le Danube, célèbre par ses établissements d'instruction publique et ses nombreuses fabriques. *Pesth*, capitale de la Hongrie, *Bude*, *Presbourg*, *Trieste* sont ensuite les villes les plus importantes.

Espagne. — L'Espagne est un pays montagneux qui renferme d'importantes mines de mercure, de cuivre, de fer et de plomb. Le climat y est généralement sec et chaud. Le commerce et l'industrie y souffrent beaucoup par suite de la guerre civile qui a désolé ce pays. Le plateau de la Castille est riche en céréales et nourrit des moutons *mérinos*, à toison fine et touffue. C'est avec la laine de ces moutons qu'on fabrique l'étoffe appelée mérinos. L'Espagne produit des vins estimés, des oranges, des raisins et de la soie. Madrid, trois cent vingt mille habitants, capitale de l'Espagne, sur un plateau aride. Autres villes : *Barcelone, Séville, Grenade* où se trouve l'Alhambra, élégant palais des Maures; *Cadix*, port, *Valence*, oranges et soieries. Les Anglais possèdent la forteresse de *Gibraltar* qui commande l'entrée et la sortie de la Méditerranée.

De l'Espagne dépendent les îles Baléares. Les colonies espagnoles sont en Afrique : *Ceuta*, *Tetuan*, les îles *Canaries* et l'île *Fernando-Po*. En Amérique *Cuba* et *Porto-Rico*. En Océanie les *Philippines* et les *Mariannes*.

Portugal. — Le Portugal a le même aspect que l'Espagne. Pays montagneux, vallées fertiles, climat doux et salubre. Les vins sont la principale richesse du pays. Quatre millions d'habitants. Lisbonne, capitale, deux cent vingt-cinq mille habitants, à l'embouchure du Tage, était autrefois la première ville commerçante du monde. En 1755, un tremblement de terre y fit périr trois mille personnes, écrasées sous les ruines. *Porto*, vins renommés; *Coimbre* sont les deux autres villes les plus importantes.

Colonies. — Quelques débris de son ancienne puissance coloniale restent encore au Portugal. Ce sont en Afrique : les *Açores*, *Madère*, les îles du *Cap-vert*, les côtes *Sofala* et *Mozambique*. — En Asie, la ville de *Goa* dans l'Inde et *Macao* en Chine.

Italie. — Vingt-sept millions d'habitants. Le climat de l'Italie est sain. Les chaleurs de l'été y sont tempérées par le voisinage de la mer. Sol riche en général et surtout dans les plaines du nord. Fruits excellents, vins renommés.

L'Italie renferme de précieux restes des monuments de l'antiquité. Sa capitale est ROME, autrefois la métropole du monde. Deux cent cinquante mille habitants. Ruines grandioses des monuments de son ancienne splendeur. La plus importante est le *Colisée*. Le plus remarquable de ses monuments modernes est l'église Saint-Pierre, chef-d'œuvre d'architecture. *Rome* est aussi la capitale de la chrétienté. C'est la résidence du Pape. Autres villes : *Turin*, *Milan*, *Venise*, *Florence*, *Naples*, *Palerme*, capitale de la Sicile ; *Cagliari*, capitale de la Sardaigne. L'île d'*Elbe* renferme d'immenses minerais de fer.

Turquie. — Quinze millions d'habitants, en y comprenant les principautés danubiennes qui ne sont que tributaires de la Turquie. *Roumanie*, *Serbie*, *Monténégro*. La Turquie, malgré les avantages d'une belle situation, d'un sol fertile, est un pays fort arriéré. Peu d'instruction ; l'agriculture y est négligée. Les Turcs abandonnent le commerce aux Grecs, aux Arméniens et aux Juifs. Productions : huiles, miel, coton, fruits. CONSTANTINOPLE, capitale, cinq cent mille habitants, sur le détroit de ce nom, dans une position superbe entre l'Europe et l'Asie. Autres villes : *Andrinople*, *Salonique*, *Gallipoli*.

La religion des Turcs est la religion mahométane. La Turquie possède *Candie* et les îles du fond de l'archipel, la *Turquie d'Asie* et une partie de l'*Arabie*. L'Egypte, les régences de Tunis, de Tripoli sont tributaires de la Turquie.

Grèce. — La Grèce n'a qu'un million et demi d'habitants. C'est un pays montagneux et qui jouit d'un climat délicieux. L'air y est pur, le sol fertile, mais le travail des champs y est négligé et les céréales sont insuffisantes pour les besoins de la population. L'oranger, l'olivier, la vigne, le mûrier y sont cultivés avec succès.

Les plus beaux marbres blancs viennent de l'île de Paros. Cette contrée a été jadis la terre classique des sciences, des lettres, des arts. Elle a été longtemps réduite en esclavage par les Turcs. La religion des Grecs est le christianisme, mais ils ne reconnaissent pas l'autorité du pape et forment depuis le XIe siècle une Eglise distincte dite l'Eglise grecque à laquelle appartient également la Russie.

Athènes capitale, quarante-cinq mille habitants. Berceau de la civilisation ancienne. Autres villes : *Hydra*, *Négrepont*, dans l'île de ce nom; *Nauplie*, *Corinthe*, *Patras* en Morée.

Les îles Ioniennes font partie de la Grèce. La plus importante est *Corfou*.

Observation : Se servir toujours des cartes et du tableau noir comme pour les précédentes leçons.

Chapitre VII. — La France.

La France, notre patrie, est une des contrées de l'Europe. Elle est située dans la région occidentale de cette partie du monde et dans la zone tempérée de l'hémisphère nord.

Elle occupe la majeure partie de la contrée appelée autrefois *la Gaule*. Les Romains, sous la conduite de Jules César, en firent la conquête 50 ans environ avant Jésus-Christ. Pendant près de 500 ans la Gaule fut une province romaine, ayant les lois, la langue et les coutumes de Rome. Un grand nombre de villes : Lyon, Orange, Arles, Nîmes, etc., ont encore des ruines grandioses ou des monuments entiers qui datent des Romains. Il n'y a pas de contrées en France, actuellement, où l'on ne signale des voies, des chaussées romaines, des chemins des Romains. C'étaient des routes solides qu'ils construisaient en s'avançant à la conquête du pays.

Vers l'an 420, les *Francs*, peuplades guerrières, entreprenantes, courageuses qui habitaient le nord de la Germanie, profitèrent de la décadence de l'empire romain et passèrent le Rhin. Les Francs s'établirent peu à peu dans la Gaule qui de leur nom prit celui de France. Les limites de la Gaule étaient : le Rhin, les Alpes, les Pyrénées et la mer. On les appelle encore les limites naturelles de la France. A la fin du siècle dernier, nos armées républicaines avaient placé la France dans les frontières de l'ancienne Gaule. Nous avons perdu nos frontières du Rhin après 1815 et, récemment encore ,après la néfaste guerre de 1870. En sorte que la France actuelle a pour bornes : la Belgique, le grand-duché de Luxembourg, l'Allemagne, la Suisse, l'Italie, la Méditerranée, l'Espagne, l'Océan ou la mer ensuite de Bayonne à Dunkerque. Nos frontières de la Belgique aux Vosges sont purement fictives. Ce sont des limites de convention comme celles qui séparent une commune d'une autre commune. Nous avons ensuite les Vosges du haut desquelles nous voyons la riche *Alsace* et le *Rhin*. Le Jura sépare la France de la Suisse, les Alpes, de l'Italie, les Pyrénées, de l'Espagne.

La France est située à peu près à égale distance du pôle et de l'équateur. Elle doit à cette situation l'avantage de jouir d'un climat qui n'est ni excessivement froid, ni très-chaud. Elle a les productions du nord et celles du midi et n'a rien à envier aux autres pays. Le sol de la France est fertile, très-bien cultivé. Il est arrosé par quatre grands fleuves et par une grande quantité de rivières. Le nord et l'ouest sont des pays de grandes plaines dans lesquelles on récolte toutes sortes de céréales : le blé, l'orge, etc. Le centre, le sud-est, le sud, sont un peu montagneux et offrent les productions les plus variées : la vigne, l'olivier, le mûrier. Les mers qui baignent les 2,560 kilomètres de côte que possède la France, la mettent en communication avec les Etats maritimes et lui ouvrent, pour le commerce, des routes vers toutes les contrées du globe.

Le commerce d'importation comprend les productions que l'on tire des pays étrangers : le coton, le café, le cacao, le thé, les bois précieux, et autres matières connues sous le nom de denrées coloniales. Autrefois tout le sucre nous venait des colonies; on l'extrait d'un roseau appelé canne à sucre. Aujourd'hui un sucre semblable est tiré de la betterave que l'on cultive à ce sujet en grand dans nos départements du Nord.

On exporte de France des produits naturels ou des objets manufacturés. Nos vins d'abord. Les vins de France sont répandus et appréciés partout. Les peuples du Nord nous achètent des eaux-de-vie, des liqueurs. La France vend des huiles, des savons, des objets d'arts, meubles, pendules, étoffes de soie de Lyon, draps de Sedan, de Louviers, d'Elbœuf, lainages de Reims, les tapis, les broderies, les porcelaines, les cristaux, les glaces, les bronzes, les modes, la parfumerie, les objets de Paris, etc.

L'industrie manufacturière a pris en France depuis 40 ans un immense développement. Elle embrasse tous les genres de travaux auxquels l'homme applique son intelligence. Dans quelques-uns elle n'a point de rivales, dans d'autres elle peut lutter avec avantage contre les industries étrangères les plus renommées. Les objets fabriqués en France ont un fini, un cachet de perfection qui les fait rechercher dans tous les pays.

L'industrie métallurgique porte sur le charbon de terre, le sel gemme, le sel marin, le fer, le plomb, le cuivre, la pierre à bâtir, le marbre, l'ardoise, etc.

C'est dans les ports que s'expédient et que se reçoivent les marchandises. Les principaux ports marchands sont : Le Havre, Saint-Nazaire, Bordeaux, Cette, Marseille.

Les côtes de France sont d'un aspect varié; elles ont de grands rapports avec le commerce des habitants. D'abord les habitants des côtes sont marins. La mer est leur élément. C'est sur la mer qu'ils gagnent leur vie en se livrant à la pêche. Les côtes sont formées de *dunes*, de *falaises*, ou de *rochers*. On appelle dunes de petits monticules d'un sable fin et mouvant. On donne le nom de falaises à des terres ou rochers escarpés taillés en précipices sur les bords de la mer. Les falaises de Normandie s'élèvent parfois jusqu'à 100, 150 mètres de hauteur.

On trouve des dunes, de Dunkerque à l'embouchure de la Somme et sur l'Océan, de l'embouchure de la Gironde à Bayonne. Ces dernières ont été immobilisées par des plantations de pins maritimes qui arrêtent la marche du sable. Ces pins donnent de la résine. Les côtes de la Bretagne et de la Provence sont rocheuses.

De l'embouchure du Rhône aux Pyrénées, de l'embouchure de la Loire à celle de la Gironde, les côtes sont basses, couvertes de sables, de marais salants,

Observations : Toujours se servir de la carte et du tableau noir. Limites de la Gaule. Limites de la France en 1800, en 1815, en 1871. Productions, commerce de la France. Description des côtes, etc.

Chapitre VIII. — Fleuves et rivières, montagnes et îles de la France.

Bassins. — La *Seine* prend sa source dans la Côte-d'Or. Elle passe à Troyes, Melun, Paris, Rouen et se jette dans la Manche entre le Havre et Honfleur. Son parcours est d'environ 800 kilomètres dont 600 navigables. Elle reçoit sur la rive droite : l'*Aube*, qui passe à Troyes, la *Marne*, qui passe à Châlons grossie de l'*Ornain*, l'*Oise*, qui arrose Compiègne grossie de l'*Aisne* et de la *Serre;* et sur la rive gauche : l'*Yonne* et l'*Eure*.

Se jettent encore dans la Manche : la *Somme*, qui passe à Saint-Quentin, à Amiens; et l'*Orne*, qui passe à Caen.

La *Loire* prend sa source dans les Cévennes, au mont Gerbier-des-Jones. C'est de ce même massif de montagnes que sortent d'autres rivières, l'*Allier*, le *Lot*, le *Tarn*, l'*Ardèche*, etc. La Loire passe à Roanne, près de Feurs, à Cosne, Nevers, Gien, Orléans, prend la direction de l'ouest, arrose Blois, Tours, Saumur, Ancenis, Nantes, Paimbœuf et se jette dans l'Océan à Saint-Nazaire après un cours d'environ 950 kilomètres dont 750 navigables. La Loire reçoit un grand nombre d'affluents. Ses principaux sont sur la rive droite : l'*Avroux* qui passe à Autun, la *Nièvre* qui passe à Nevers, le *Maine* formé de la *Mayenne*, de la *Sarthe* et du *Loir* réunis, et l'*Erdre* dont le confluent avec la Loire est à Nantes. Sur la rive gauche, la Loire reçoit l'*Allier* grossie de la *Sioule*. L'Allier traverse la fertile plaine de la Limagne, arrose Vichy, Moulins ; le *Cher* grossi de l'*Auron*, la *Vienne* grossie de la *Creuse* et la *Sèvre-Nantaise* qui se jette comme l'Erdre dans la Loire à Nantes.

Au bassin de la Loire se rattachent les bassins des fleuves secondaires : de *Sèvre-Niortaise* grossie de la *Vendée* et qui passe à Niort ; de la *Vilaine* grossie de l'*Ile* et du *Blavet* qui a son embouchure entre Lorient et Port-Louis dans le Morbihan.

La *Garonne* qui prend le nom de *Gironde* après avoir reçu la *Dordogne*, prend sa source dans les Pyrénées, sur le territoire espagnol, au val d'Aran, arrose Muret, Toulouse, Agen, Marmande, La Réole, et Bordeaux, où elle a une largeur de 800 mètres. Elle arrose Blaye sur la rive droite, Pauillac sur la rive gauche et se jette dans l'Océan en face de Royan. Le parcours de la Garonne est d'environ 780 kilomètres.

Les principaux affluents de la Garonne sont sur la rive droite : l'*Ariège*, le *Tarn* grossi de l'*Agout* qui passe à Castres et de l'*Aveyron* qui arrose Rodez; le *Lot* qui passe à Cahors, la *Dordogne* une des plus grandes rivières de France. Cette dernière rivière reçoit la *Vezère* grossie de la *Corrèze* et l'*Isle* grossie de la *Dronne*. Le parcours de la Dordogne est d'environ 400 kilomètres. Elle prend sa source près du mont Dore, en Auvergne. Sur la rive gauche la Garonne reçoit le *Gers* et la *Baise*.

La *Charente* arrose Saintes et Rochefort et est grossie de la *Seugne* qui passe à Jonzac, l'*Adour* passe à Bayonne après avoir reçu la *Gave* de Pau, la *Gave* d'Oléron (1). La *Charente* et l'*Adour* sont deux fleuves secondaires qui se rattachent au grand bassin de la Garonne.

Le *Rhône* prend sa source en Suisse, dans le massif de montagnes d'où sortent également l'*Aar* et le *Rhin*, près du Saint-Gothard. Il traverse le lac de Genève, ou lac *Léman*. A la sortie du lac il reçoit l'*Arve*, rivière qui descend des glaciers du mont Blanc, coule perpendiculairement vers le sud en longeant les monts du Jura méridional, s'incline ensuite presque à angle droit vers l'ouest jusqu'à Lyon où il reçoit la grande rivière de la *Saône*. De Lyon, le Rhône se dirige presqu'en ligne droite vers la Méditerranée. Il arrose Vienne, Tain, Tournon, Valence, Bourg-Saint-Andéal, Pont-Saint-Esprit, Avignon et Arles. Il se divise en plusieurs branches pour se jeter dans la mer. Ses branches por-

(1) *Gave* est un mot béarnais qui veut dire rivière.

tent le nom de bouches, d'où est venu le nom du département des *Bouches-du-Rhône*. Ses affluents sont sur la rive droite : l'*Ain*, la *Saône* grossie du *Doubs* et de l'*Azergue*, le *Gier*, l'*Ardèche*, la *Cèze*, le *Gard*. Sur la rive gauche le Rhône reçoit : l'*Arve*, le *Guiers* qui descend du massif de la grande Chartreuse, l'*Isère* grossie du *Drac* et le *Drac* de la *Romanche*, la *Drôme*, qui passe à Die, l'*Aigues* qui passe à Nyons, l'*Ouvèze*, la *Sorgue*, qui n'est autre que la belle fontaine de Vaucluse, et enfin la *Durance* grossie de la *Bléone* et du *Verdon*. Le parcours du Rhône est d'environ 840 kilomètres dont 490 navigables. C'est le fleuve le plus rapide de l'Europe. Sa vitesse est en moyenne de Lyon à Avignon de 1m,50 à 2 mètres par seconde. A Lyon, le Rhône a une largeur de 320 à 330 mètres.

Au bassin du Rhône se rattachent d'autres bassins secondaires : le *Var*, l'*Hérault*, l'*Aude*, petits fleuves d'un parcours peu étendu et qui ont donné leur nom à trois départements.

Avant 1870, nous avions encore la partie inférieure du cours du Rhin qui arrosait et limitait la France. Depuis, il ne nous reste plus du bassin du Rhin que quelques affluents, notamment la *Meurthe*, la *Moselle*.

La *Meuse* a aussi une partie de son cours en France; elle arrose : Commercy, Verdun, Mézières et Givet, et entre en Belgique et a son embouchure en Hollande près de celle du Rhin. La *Sambre*, affluent de la Meuse, arrose Maubeuge en France.

L'*Escaut* prend sa source en France, près de Saint-Quentin, arrose Cambrai, Valenciennes, Gand et Anvers en Belgique et se jette dans la mer du Nord. La *Scarpe* qui passe à Douai et la *Lys* sont deux affluents de l'Escaut qui ont leur source en France.

Ces dernières rivières appartiennent au versant de la mer du Nord dans laquelle se jettent trois fleuves autrefois entièrement français : le Rhin, la Meuse et l'Escaut.

Montagnes. — Sur les frontières de l'est de la France sont les *Vosges*, le *Jura*, les *Alpes*; sur les frontières du sud, les *Pyrénées*. A l'intérieur sont les *monts d'Auvergne* et les *Cévennes*.

Les *Vosges* forment une chaîne parallèle au Rhin dans la direction nord-ouest. Leurs sommets sont gazonnés ou couverts de forêts de sapins.

Le *Jura* entre la France et la Suisse est disposé en une série de chaînons parallèles entre lesquelles se trouvent de profondes vallées.

Les *Alpes* forment le massif montagneux le plus considérable de l'Europe. C'est dans les Alpes que se trouvent le mont *Blanc*, 4,810 mètres, le mont *Pelvoux*, 3,954 mètres et le mont *Ventoux*, 1,912 mètres.

Les *Pyrénées* forment une énorme muraille dentelée dont les crêtes aiguës gardent difficilement les neiges éternelles. Le sommet le plus élevé des Pyrénées françaises est le *pic du Midi*, 2,880 mètres.

Les *Cévennes* commencent dans la vallée de l'Aude, se continuent par les monts du *Gévaudan*, de la *Lozère*, du *Vivarais*, et finissent par les monts du Lyonnais dont fait partie le mont *Pilat*, 1,434 mètres. Les monts du *Beaujolais*, du *Charolais*, de la *Côte-d'Or* sont moins élevés.

Les *monts d'Auvergne* font partie du plateau Central. Leurs principales cimes sont : le *Plouel du Cantal*, 1,856 mètres et le *Puy-de-Dôme*, 1,465 m.

Iles. — Les îles de France sont : les îles d'*Ouessant*, de *Sein*, de *Groix*, de *Belle-Ile*, de *Noirmoutier*, d'*Yeu*, de *Ré* et d'*Oléon* dans l'océan Atlantique. La *Corse*, les îles d'*Hyères* et de *Lérins* dans la Méditerranée.

Observations : Étudier séparément le bassin de chaque fleuve que l'on tracera au tableau noir avec ses affluents. Tracer le parcours des chaînes de montagnes et indiquer la place des îles de France.

Chapitre IX. — Canaux et chemins de fer.

Canaux. — Les canaux, nous l'avons dit, sont des cours d'eau artificiels qui ont en général pour objet d'établir une voie navigable entre deux bassins de fleuve et quelquefois entre deux versants de mer.

Les bassins de fleuves sont séparés par des collines, des hauteurs que franchissent les canaux. Au moyen des écluses, les bateaux chargés de marchandises, montent et descendent. Les écluses mettent en communication la partie inférieure avec la partie supérieure du canal.

Les principaux canaux de la France sont :

1° Le canal des *Ardennes* entre l'Aisne et la Meuse. Ce canal franchit les collines appelées Argonnes et met en communication le bassin de la Seine avec celui de la Meuse.

2° Le canal de *St-Quentin* qui joint la Somme à l'Escaut. Il ne franchit pas les collines de la Picardie, mais il les traverse sous un souterrain qui se trouve à quelques lieues de St-Quentin. Ce canal apporte en France les charbons de terre de la Belgique (1).

3° Le canal *Crozat* ou de Picardie qui joint la Somme et l'Oise et qui unit le bassin de la Seine à celui de la Somme.

4° Les canaux du *Loing*, de *Briare* et d'*Orléans* qui unissent la Seine à la Loire en franchissant le plateau d'Orléans.

5° Le canal du *Centre* qui joint la Loire et la Saône et met en communication le bassin de la Loire avec le bassin du Rhône.

6° Le canal de *Bourgogne* entre la Saône et l'Yonne qui unit le bassin de la Seine à celui du Rhône en franchissant les collines de la Côte-d'Or.

7° Le canal de la *Marne* à la *Moselle* qui unit le bassin de la Seine à celui du Rhin.

---

(1) Il a été commencé sous la première république et achevé sous Napoléon Ier qui a, dit-on, employé au percement du souterrain les prisonniers faits en Espagne.

8° Le canal de l'*Est* qui met en communication Lyon avec Strasbourg, par la Saône, le Doubs, c'est-à-dire le bassin du Rhône avec celui du Rhin.

9° Le canal de *Nantes* à *Brest.*

10° Le canal du *Languedoc* ou du *Midi* qui joint la Garonne à l'Hérault et fait ainsi communiquer l'Océan avec la Méditerranée.

Ce fut *Riquet*, né à Béziers, qui conçut et poussa jusqu'à la fin l'exécution de cet immense travail.

Les canaux sont avec les routes et les chemins de fer les voies de communication.

2. — La France possède un vaste réseau de routes nationales, trente-cinq mille kilomètres, de routes départementales, quarante-cinq mille kilomètres et plus de quatre-vingt mille kilomètres de chemins vicinaux de grande communication. C'est, sous ce rapport, un des pays le mieux partagés de l'Europe.

3. — Tout le monde sait aujourd'hui ce que c'est qu'un chemin de fer. Un chemin de fer se compose tout simplement de deux barres de fer nommées *rails* solidement fixés sur un sol uni. Sur ces rails polis glissent rapidement entraînées par une machine à vapeur appelée *locomotive* des voitures pesamment chargées appelés *wagons*. L'eau et le feu opèrent ces merveilles. Les chemins de fer sont d'origine anglaise.

Le développement des chemins de fer français atteint une longueur de dix-huit à dix-neuf mille kilomètres. On en construit chaque jour encore. Les chemins de fer français appartiennent à six grandes compagnies principales qui sont :

Chemin de fer de l'Ouest,
de l'Est,
de Paris à Lyon et à la Méditerranée,
d'Orléans,
du Midi,
du Nord.

Le chemin de fer de l'*Ouest* compte trois lignes principales : 1° ligne de Normandie, de Paris à Rouen, le Havre, etc., 2° ligne de Bretagne, de Paris à Brest, 3° ligne de la banlieue de Paris.

Le chemin de fer de l'*Est* se compose de la ligne

de Paris à *Strasbourg* par Châlons-sur-Marne et de la ligne de Paris à *Mulhouse* par Langres, Vesoul et Belfort.

Le chemin de fer de *Paris à Lyon et à la Méditerranée* se compose : 1° de la grande ligne de Paris à Lyon et à Marseille par la Bourgogne, 2° de Paris à Lyon par le Bourbonnais, 3° des lignes du Dauphiné, de Lyon à Grenoble, de Lyon à Genève, de Lyon en Italie par le tunnel du mont Cenis.

Le chemin de fer d'*Orléans* compte 1° la ligne de Paris à Nantes, St-Nazaire, 2° la ligne de Bordeaux par Poitiers, Angoulême, 3° la ligne du Centre de Paris à Périgueux.

Le chemin de fer du *Midi* comprend la ligne de Bordeaux à Bayonne et de là en Espagne, la ligne de Bordeaux à Cette.

Le chemin de fer du *Nord* qui se compose 1° de la ligne d'Angleterre, de Paris à Amiens, Boulogne-sur-Mer, 2° ligne de Belgique, de Paris à Bruxelles par Lille, 3° ligne de Cologne par St-Quentin, 4° de Paris à la frontière belge, de Paris à Soissons, Laon, Vervins.

Les lignes principales sont reliées entre elles par des embranchements nombreux qui mettent en communication tous les centres principaux de la France. Elles ont toutes leur point de départ de Paris. Ce sont les grandes artères qui vont porter partout, aux extrémités les plus éloignées de la France, le mouvement, la circulation, la vie.

Observations : Faire comprendre le rôle de l'*écluse* dans les canaux. Tracer au tableau les lignes suivies par les canaux et indiquer les bassins qu'ils mettent en communication.

Tracer les directions des principales lignes de chemin de fer.

CHAPITRE X. — Administration publique de la France.

Le gouvernement de la France est la RÉPUBLIQUE. Le gouvernement se compose : de députés nommés pour quatre ans, de trois cents sénateurs dont deux cent vingt-cinq amovibles, renouvelables par tiers tous les trois ans et d'un Président de la république nommé par les Chambres pour sept ans.

Le Président de la république choisit les ministres.

L'administration se répartit en France en grandes divisions appelées ministères. Il y a le ministère de l'intérieur, de la justice, des finances, de l'instruction publique, de la guerre et de la marine, de l'agriculture et des travaux publics.

La France, depuis la révolution de 1789, est divisée en 86 départements. Les départements tirent leurs noms des fleuves, des rivières ou des montagnes qui les traversent ou des accidents physiques qui les distinguent ou de leur position géographique. La *Moselle*, le *Bas-Rhin*, le *Haut-Rhin*, perdus après la guerre de 1870, portaient avant cette époque le nombre de nos départements à 89.

Les départements sont divisés en arrondissements. Les arrondissements sont divisés en cantons et les cantons en communes.

Les départements sont administrés par les *préfets*. Dans chaque arrondissement se trouve un *sous-préfet*.

Le canton n'a point de caractère administratif distinctif.

Les communes sont des fractions de territoire, subdivisions du canton, administrées par un *maire* et par un ou plusieurs adjoints assistés d'un conseil municipal élu par les citoyens.

Il y a dans chaque canton un ou plusieurs citoyens désignés par le suffrage des électeurs pour être conseiller d'arrondissement. Chaque canton a aussi un conseiller unique, appelé conseiller général.

On compte en France 362 arrondissements, 2,865 cantons et 35,989 communes.

Sous le rapport judiciaire, il y a en France les *justices de paix*, une par canton. Chaque chef-lieu d'arrondissement a un *tribunal civil* auquel est attaché un procureur de la République.

Au-dessus des tribunaux civils de première instance, il y a les *cours d'appel* au nombre de 26, et au-dessus des tribunaux d'appel, il y a un tribunal unique appelé la *cour de cassation*. Quelques villes commerciales importantes ont un tribunal de commerce.

L'administration des finances est confiée à des

percepteurs, un ou deux par canton, qui perçoivent les impôts. Il y a les impôts directs établis sur les fonds, terres, maisons, etc.; et les impôts indirects, sur les boissons, les tabacs, sucre, sel, etc., sont perçus par des agents appelés commis des contributions indirectes.

Pour l'instruction publique, la France est partagée en 16 circonscriptions appelées académies. L'académie est administrée par un recteur assisté d'autant d'inspecteurs d'académie qu'il y a de départements dans son ressort. Dans chaque arrondissement il y a un inspecteur de l'enseignement primaire dont la mission est de visiter les écoles primaires de toutes les communes.

L'administration des beaux-arts forme une direction dépendant du ministère de l'instruction publique.

Sous le rapport militaire, la France est partagée en 18 régions placées sous l'autorité des généraux de division, lesquels relèvent du ministre de la guere. De là 18 corps d'armée. L'Algérie forme une 19e région occupée par le 19e corps. L'armée se compose d'infanterie, de cavalerie, d'artillerie. Voilà pour l'armée destinée à la défense de la patrie.

Mais, dans chaque canton, il y a des soldats que tout le monde connait et qui sont l'épouvante des voleurs et de ceux qui font le mal. Ce sont les *gendarmes*. Les gendarmes protégent le faible contre le fort, les gendarmes veillent à l'observation de la loi. Ils représentent la force publique.

Les côtes de France sont partagées en 5 arrondissements ou préfectures maritimes qui sont : Cherbourg, Brest, Lorient, Rochefort et Toulon. Dans chacune de ces villes, il y a un préfet maritime placé sous les ordres du ministre de la marine. Les ports militaires sont des lieux d'armement de construction et de refuge pour les vaisseaux de guerre.

Le ministère de l'*agriculture* et du *commerce* veille aux progrès de l'agriculture et à l'extension de nos relations commerciales. Les écoles pratiques des arts et métiers d'*Aix*, d'*Angers* et de *Châlons-sur-Marne*, et les écoles d'agriculture, les écoles de commerce, les chambres de commerce dépendent de ce ministère qui organise chaque année des concours régionaux agricoles auxquels sont conviés tous les agriculteurs et producteurs de la France.

Le ministère des *travaux publics* s'occupe de la création et de l'entretien des voies de communication par terre et par eau.

Les voies de communication sont les routes nationales et départementales, les chemins de grande communication, les chemins vicinaux, les chemins de fer, les canaux, les fleuves et les rivières navigables.

Le service des voies de communication est dirigé dans chaque département par un ingénieur en chef qui a sous ses ordres des ingénieurs ordinaires et des conducteurs des ponts et chaussées.

Cultes.— Il n'y a point en France de ministère spécial pour les trois cultes religieux reconnus par l'État. L'administration des cultes forme une direction particulière qui est parfois rattachée soit au ministère de l'instruction publique, soit, comme en ce moment (décembre 1876), au ministère de la justice.

La religion catholique est la religion de la grande majorité des Français. La France compte actuellement 84 diocèses; 17 sont administrés par des archevêques et 67 par des évêques.

La population actuelle de la France est de 36,102,921 habitants.

Les catholiques sont un peu plus de 35,000,000, les protestants sont au nombre d'environ 600,000, et les Israélites à peu près 40,000.

Observations : Le maître expliquera le rôle de la commune du canton; parlera de la justice de paix, du tribunal de l'arrondissement, dira à quelle académie appartient l'école, à quel diocèse, etc.

Chapitre XI. — Ancienne et nouvelle division de la France. Description sommaire et historique des provinces et des départements.

Avant la révolution de 1789, la France était divisée en 33 gouvernements ou provinces. Ces provinces formaient presque des petits Etats distincts ayant des coutumes, des lois, des usages différents. Les provinces étaient divisées en comtés, en seigneuries, presque indépendants. L'Assemblée constituante effaça les anciennes divisions pour en former de nouvelles établies sur un plan unique et toutes rattachées au pouvoir central.

Les 33 provinces étaient ainsi réparties : 6 au nord, 6 à l'est, 7 au sud, 6 à l'ouest et 8 au milieu.

Provinces du Nord (6 provinces, 17 départements).

Flandre. — La Flandre est un pays fertile et bien cultivé. Cette province fut conquise par Louis XIV. C'est en Flandre que se trouvent les plus riches mines de houille que possède la France. Les toiles de Flandre sont renommées. On y élève beaucoup de bestiaux. On y fabrique beaucoup de sucre de betteraves. La Flandre a formé le département du *Nord*, ainsi nommé à cause de sa position à l'extrémité septentrionale de la France. Chef-lieu Lille, 160,000 hab. Grande et belle ville sur la Deule. Place très-forte. Ville industrielle et commerçante, nombreuses fabriques de fil, de toile, de dentelles, de produits chimiques. Sous-préf. *Avesnes*, 4,000 hab. sur l'Helpe-Majeure. Commerce de houblon. *Cambrai*, 22,000 hab. On y fabrique et on y blanchit des toiles fines et de la batiste. Archevêché illustré par Fénelon. *Douai*, place forte sur la Scarpe; 24,000 hab. Académie; cour d'appel; grand arsenal; fonderie de canon. *Dunkerque*, ville forte et maritime, 34,000 hab. Port très-fréquenté. Fabriques de toiles à voiles. *Hasebrouck*, 9,000 hab.

Commerce de houblon. *Valenciennes*, 25,000 hab. Place de guerre, au confluent de l'Escaut et de la Rhonelle. Dentelles renommées.

Autres villes ou lieux remarquables : *Tourcoing*; *Roubaix*, immenses fabriques de tissus. *Loos*, ancienne abbaye convertie en maison centrale de détention. *Anzin*, mines de houille. *Saint-Amand*, eaux thermales ; *Denain*, victoire de Villars en 1712 sur les Allemands. *Condé* et *Maubeuge*, deux petites places fortes.

Le département du Nord a vu naître : l'historien Froissart, le peintre Watteau, les généraux Dumouriez et Vandamme, le maréchal Mortier et le célèbre marin Jean Bart.

La population totale du département est de 1,500,000 hab.

Artois. — Cette province a été réunie à la France en 1659 par le traité des Pyrénées, sous Louis XIV. Elle est fertile et bien cultivée. Elle produit en abondance du blé, du lin, du colza. Elle a formé le département du *Pas-de-Calais*, ainsi nommé à cause de sa position près du détroit qui sépare la France de l'Angleterre. C'est dans l'Artois qu'on a perforé les premiers puits d'eau jaillissante. De là leur nom de *puits artésiens*. Le chef-lieu est Arras, 28,000 hab., sur la Scarpe. Commerce considérable d'huile de colza. Place forte et siége d'un évêché. Sous-préf. *Béthune*, 9,000 hab., situé sur un roc. *Boulogne*, port de mer à l'embouchure de la Liane, 40,000 hab. *Montreuil*, 4,000 hab., sur la Cauche et près de la mer. *Saint-Omer*, 23,000 hab., sur l'Aa, fabriques de pipes. *Saint-Pol*, 4,000 hab., sur la Ternoise, eaux minérales. Commerce de bestiaux.

Autres villes ou lieux remarquables : *Calais*, port de mer, 13,000 hab. Pris par les Anglais après un siége mémorable en 1347, repris par le duc de Guise en 1558. *Saint-Pierre-les-Calais*, 21,000 hab. *Bapaume*.

Ce département est la patrie de Godefroid de Bouillon, du ministre Suger, du conventionnel Robespierre et du savant Daunou.

Sa population totale est de 762,000 hab.

Picardie. — Cette province a été réunie à la

France partie sous Philippe-Auguste, partie sous Louis XI. La Picardie produit du blé en abondance. Elle a de gras pâturages dans lesquels on élève de nombreux troupeaux. Elle forme le département de la *Somme*, nom qui vient de la rivière de la Somme. Chef-lieu Amiens, 64,000 hab. Evêché et cour d'appel. Belle cathédrale. Filatures importantes et nombreuses fabriques d'étoffes de laine, de velours de coton. Sous-préf. *Abbeville*, 19,000 hab., sur la Somme; fabriques de tapis et de toiles à matelas. *Doullens*, 5,000 hab., sucre de betterave. *Montdidier*, 4,000 hab. *Péronne*, 4,000 hab., sur la Somme.

Autres villes ou lieux remarquables : *Ham*, château fort où furent enfermés les ministres de Charles X en 1830 et Louis-Napoléon en 1840.

La Somme a une population de 557,000 hab.

Ce département est la patrie du prédicateur de la première croisade, Pierre l'Ermite, de l'astronome Delambre, du naturaliste Parmentier qui a introduit la culture de la pomme de terre en France : des poëtes Millevoye, Gresset et du patriote général Foy.

Normandie. — La Normandie est une des plus belles et des plus riches provinces de la France. Elle s'appelait autrefois *Neustrie*. Elle a pris son nom actuel des Normands à qui elle fut cédée par Charles le Simple en 912. Elle revint définitivement à la France sous Louis XI, en 1469. La vigne n'y croît point, non plus dans la Flandre, l'Artois, la Picardie. La boisson du pays est le cidre fait avec les pommes. Le cidre de Normandie est renommé. Elle a formé cinq départements : *Seine-Inférieure*, *Eure*, *Calvados*, *Manche*, *Orne*.

Seine-Inférieure. — Ce département tire son nom de sa position par rapport au cours inférieur de la Seine. Chef-lieu Rouen 102,000 hab.; archevêché et cour d'appel. Ville très-commerçante; fabriques des tissus de coton appelés *rouenneries*. Sous-préf. *Dieppe*, 20,000 hab. Bains de mer. Pêche du hareng.

Le Havre, 87,000 hab. Beau port. Immense commerce avec l'Amérique. Chantiers de construction de navires. *Neufchâtel*, 4,000 hab. Fromages renommés. *Yvetot*, 8,000 hab. Tissus de cotons; commerce de bestiaux.

Autres villes ou lieux remarquables : *Elbeuf*, 22,000 hab., ville industrielle, importante par ses fabriques de drap. *Fecamp*, port de mer; *Arques*, victoire de Henri IV en 1589.

Ce département a une population de 790,000 hab.

Il a vu naître les frères Corneille, Fontenelle, Casimir Delavigne et Bernardin de St-Pierre, le compositeur de musique Boïeldieu et le marin Duquesne.

Eure, tire son nom de la rivière de l'Eure qui l'arrose à l'est; chef-lieu Evreux, 13,000 hab. sur l'Itou, siége d'un évêché. S.-préf. : *Les Andelys*, 5,000 hab., formés de Andely-sur-le-Gambou et de Andely-sur-la-Seine. Ruines de Château-Gaillard. *Bernay*, 7,000 hab., sur la Charentonne; commerce de chevaux. *Louviers*, 11,000 hab., grand centre de fabrication de drap. *Pont-Audemer*, 6,000 hab. Jolie petite ville sur la Rille.

Autres villes ou lieux remarquables. *Ivry*, bataille de Henri IV. *Vernon*, sur la Seine. *Verneuil* sur l'Aire. fabriques d'épingles, *Quillebœuf*, petite ville avec un port commerçant sur la Seine. *Romilly*, fonderies de cuivre.

Le département de l'Eure compte 378,000 hab.

Il est la patrie du grand peintre le Poussin, et du sculpteur Cousin.

Calvados, tire son nom des rochers qui se trouvent près de ses côtes. Ces rochers sont ainsi appelés *Calvados*, du nom d'un vaisseau de Philippe II qui s'y brisa en 1588. Chef-lieu Caen, 41,000 hab., bonneterie, toile, commerce de chevaux. Académie et cour d'appel. S.-préf. *Bayeux*, évêché. Commerce de bœufs. 9,000 hab. *Falaise*, 8,000 hab., sur une hauteur. Importante foire de chevaux dans le faubourg de Guibray. *Lisieux*, 13,000 hab., sur la Touques, fabriques de draps, de toiles. *Pont-l'Evêque*, 3,000 hab.,

Vire, 7,000 hab., situé sur un rocher; ancienne place forte du moyen âge.

Autres villes et lieux remarquables : *Honfleur*, port fréquenté à l'embouchure de la Seine; *Trouville*.

Le Calvados a une population de 453,000 hab.

Il a vu naître le poëte Malherbe, l'astronome La Place, l'amiral Dumont d'Urville et le musicien Auber.

La *Manche* tire son nom de la portion avancée dans la mer. Chef-lieu St-Lo, 9,000 hab. bâtie sur un roc qui domine la Vire. Commerce de chevaux. S.-préf. *Avranches*, 8,000 hab., sur la Sée; marchés à blé. *Cherbourg*, 36,000 hab., beau port militaire et chef-lieu de préfecture maritime. *Coutances*, 8,000 hab., belle cathédrale, évêché. *Mortain*, 2,500 hab., sur la Cance. *Valognes*, 6,000 hab. Commerce de beurre et de miel.

Autres villes et lieux remarquables : Le *Mont-St-Michel*, château fort, situé sur un rocher entouré par la mer à la marée haute. *Granville*, commerce d'huîtres dites de Cancale.

Le département de la Manche compte 545,000 hab.

Il a vu naître le conquérant Robert Guiscard, le cardinal Duperron, le marin Tourville et le littérateur et philosophe St-Evremond.

Orne, tire son nom de la rivière de l'Orne qui l'arrose. Chef-lieu Alençon, 16,000 hab., au confluent de la Sarthe et de la Briante. Dentelles renommées. S.-préf. *Argentan*, 6,000 hab., commerce de chevaux, de grains, de volailles. *Domfront*, 4,500 hab., sur un rocher. *Mortagne*, 5,000 hab. Fabrication de rideaux en filet de soie.

Autres villes ou lieux remarquables : *Séez*, sur l'Orne, évêché. *Laigle*, sur la Rille, fabriques d'épingles. *Soligny-la-Trappe*, célèbre monastère.

Le département de l'Orne a près de 400,000 hab.

Il a vu naître l'historien Mezeray, le mathématicien Bourdon, le médecine Desgnettes, et Charlotte Corday.

Observations : Se servir constamment des cartes soit pour l'explication, soit pour la récitation des leçons. De plus, tracer au tableau la carte de chaque province, puis celle du département, faire remarquer la situation des villes citées, par rapport au chef-lieu du département. Il serait bon que chaque école possédât le plan de la commune, la carte u canton, et celle de l'arrondissement. On parlera de la vie des personnages cités, du rôle qu'ils ont joué et de leur influence sur les destinées de la patrie. On en lira ou dictera la biographie que les instituteurs trouveront dans *Dezobry*, *Bouillet* et autres.

Chapitre XII. — **Provinces du Nord** (suite).

L'Ile de France.—Cette province a été ainsi nommée, parce que, primitivement elle était comprise entre la Seine, la Marne, l'Ourcq, l'Aisne et l'Oise et formait presque une île. L'Ile de France a presque toujours fait partie des domaines de la Couronne, excepté, à la fin de la dynastie carlovingienne, époque où les ducs de France en possédaient la plus grande partie. C'est une province fertile et très-bien cultivée. Elle produit du blé, des légumes, des fruits, et a de nombreuses carrières de pierre à bâtir et de plâtre. On cultive en grand, dans le nord de cette province, dans le département de l'Aisne, notamment, la betterave qui sert à la fabrication du sucre. On y élève beaucoup de bestiaux, de moutons mérinos, de vaches laitières, de porcs. L'Ile de France a formé cinq départements : *Seine*, *Seine-et-Oise*, *Seine-et-Marne*, *Oise*, *Aisne*.

Seine.—Ce département, le plus petit de France, tire son nom du fleuve qui le traverse. Il est complétement enclavé dans le département de Seine-et-Oise qui le borne de toutes parts. Chef-lieu Paris, capitale de la France. Centre de toutes les industrie, et d'un commerce considérable, c'est une des plus grandes et des plus florissantes villes du monde; c'est peut-être la plus belle, la plus riche de l'univers. Siége du gouvernement, d'un archevêché, de la cour de cassation, des grands corps de l'Etat; point de départ des routes et des chemins de fer. La population de Paris est de 1,850,000 hab. Cette grande capitale s'est illustrée par sa résignation héroïque, par sa courageuse attitude pendant le siége et le bombardement des Prussiens en 1870-71. S.-préf. *Saint-Denis*, 32,000 hab., belle église qui renferme la sépulture des anciens rois. *Sceaux*, 2,500 hab., marché de bestiaux.

Autres villes et lieux remarquables : *Vincennes*, 17,000 hab., place de guerre ; école et parc d'artillerie. *Boulogne*, 15,000 hab., *Clichy*, *Neuilly*, *Courbevoie*, *Ivry*, sont les autres villes les plus importantes du département. *Alfort*, possède une école vétérinaire. *Champigny*, *le Bourget*, *Buzenval*, rappellent des faits d'armes glorieux pour l'armée de défense de Paris pendant le siége de 1870-71.

Le département de la Seine compte 2,300,000 hab. Paris et le département de la Seine ont été la patrie, de naissance ou d'adoption, d'un nombre considérable d'hommes illustres. Nous citerons les poëtes, littérateurs et philosophes :

Molière, Boileau, Voltaire, La Harpe, les généraux Catinat, d'Alembert, Beaumarchais, l'architecte Mansard, le peintre David, les chimistes Lavoiser, Fourcroy, etc.

Seine-et-Oise. — Tire son nom des deux principales rivières qui l'arrosent. Chef-lieu VERSAILLES, 62,000 hab., évêché, école d'artillerie. Beau château bâti par Louis XIV et qui fut jusqu'à la Révolution de 1789 la résidence des rois de France. S.-p. *Corbeil*, 6,000 hab., moulins à farine. *Etampes*, 8,000 hab., exploitation de carrières de grès. *Mantes*, 6,000 hab., commerce de blé ; *Pontoise*, 6,500 hab., moulins à farine, commerce de grains, de bestiaux ; *Rambouillet*, 5,000 hab., château et parc, ferme modèle, élevage de moutons mérinos.

Autres villes et lieux remarquables : *Argenteuil*, vin ; *Grignon*, école d'agriculture ; *Saint-Cyr*, école militaire ; *Saint-Germain-en-Laye*, château converti en musée ; *Essonne*, linge de table, couvertures de laine ; *Enghien*, eaux minérales.

Le département de Seine-et-Oise a une population totale de 580,000 hab.

Il a vu naître : Saint-Louis, Louis XIV, Sully, le connétable Simon de Monfort, le général Hoche, pacificateur de la Vendée, le général Berthier, l'abbé de l'Épée, le sculpteur Houdon, le naturaliste Geoffroy Saint-Hilaire, le poëte Ducis, et le penseur La Bruyère.

Seine-et-Marne. — Tire son nom de la Seine et de la Marne qui l'arrosent. Chef-lieu MELUN, 11,000 hab., sur la Seine, commerce de grains et de farine. S.-préf. *Coulommiers*, 45,000 hab., sur le Morin, commerce de produits agricoles; *Fontainebleau*, 11,000 hab., belle forêt, château où abdiqua Napoléon en 1814. Raisins chasselas dits de Fontainebleau. *Meaux*, 11,000 hab., évêché illustré par Bossuet; commerce de grains et de fromages; *Provins*, 7,000 hab., céréales, roses dites de Provins; ville autrefois très-importante.

Autres villes et lieux remarquables : *Brie-Comte-Robert*, fromages renommés dits de Brie; *Montereau*, au confluent de de l'Yonne et la Seine, fabriques de faïence et de porcelaine; La *Ferté-sous-Jouarre*, meules de moulins; *Nangis*, grains, fromages.

Le département de *Seine-et-Marne* compte une population de 342,080 hab.

Il a vu naitre les rois Philippe-Auguste, Henri III, le pape Martin IV, le traducteur Amyot, l'historien Guillaume de Nangis, les poëtes Guyot, Hégésippe Moreau et le peintre Lantara.

Oise. — Tire son nom de la rivière de l'Oise qui le traverse. Chef-lieu BEAUVAIS, 15,500 hab., ville ancienne, évêché; au confluent de l'Avetou et du Théravie. Tapis renommés, courageuse défense de la ville par Jeanne Hachette contre Charles le Téméraire, en 1472. Sous-préf. *Clermont*, 6,000 hab., située sur une colline; *Compiègne*, 12,000 hab., sur l'Oise, château national construit sous Louis XV, et belle forêt; *Senlis*, 6,000 hab., carrières de pierres à bâtir, sable pour la fabrication des glaces.

Autres villes remarquables : *Creil*, faïences et porcelaine; *Chantilly*, blondes et dentelles; *Noyon*, ancien évêché.

Le département de l'*Oise* a une population de 397,000 hab.

Il a donné naissance à Jeanne Hachette, au médecin Guy-Patin, au sectaire Calvin, de qui est venu le nom de Calvinistes.

Aisne. — Tire son nom de la rivière qui le traverse de l'est à l'ouest. Chef-lieu LAON, 10,500 hab., ancien évêché, sur une hauteur au milieu d'une plaine fertile. Au dixième siècle, Laon a été la résidence et la capitale des derniers rois carlovingiens ; c'était autrefois une ville forte. La citadelle a été en partie démolie par l'explosion de la poudrière en 1870. Elle renfermait des Allemands et malheureusement aussi des Français, de jeunes mobilisés des cantons de Marle, de Rozoy qui n'avaient pas eu le temps de l'évacuer et qui périrent victimes de cette catastrophe. Sous-préf. *Château-Thierry*, 7,000 hab., sur la Marne ; les Prussiens y furent battus par les Français le 12 février 1814. C'est la patrie de notre fabuliste La Fontaine ; *Saint-Quentin*, 35,000 hab., ville bâtie en amphithéâtre sur une colline au pied de laquelle coule la Somme. Grand centre industriel, fabriques nombreuses de toiles de coton, de tulles, de broderies, de mousselines et de percales. Les habitants, seuls, repoussèrent la première attaque des Prussiens en 1870. Les environs de Saint-Quentin sont excessivement fertiles ; on y cultive en grand la betterave à sucre. *Soissons*, 10,000 hab., évêché, ville ancienne sur l'Aisne ; *Vervins*, 3,000 hab., vannerie. Traité de paix entre Henri IV et Phillippe II, en 1598.

Autres villes et lieux remarquables : *Chauny*, ville commerçante sur l'Oise ; polissage des glaces coulées à la célèbre manufacture de *Saint-Gobain* ; *Craonne*, où les Prussiens furent battus les 6 et 7 mai 1814 ; *La Fère*, place forte, école d'artillerie ; *Vauxrot*, *Folembray*, *Quiquengrogne*, verreries importantes ; *Villers-Cotterêts*, forêt et château ; *Guise*, sur l'Oise, ville industrielle ; *Notre-Dame-de-Liesse*, bimbeloterie ; *Marchais*, beau château ; *Montcornet*, au confluent de la Serre et du Hurtaut, sucreries, distilleries, marchés de grains, foires importantes.

Le département de l'Aisne a une population de 553,000 hab.

Il a vu naître La Fontaine, Racine, le duc de Saint-Simon, les hommes politiques Saint-Just, Camille Desmoulins, Condorcet, les généraux La Hire, Caulaincourt, le maréchal Serrurier l'astronome Méchain et l'accusateur public, Fouquier Tainville.

CHAMPAGNE. — Cette province fut en partie réunie à la France en 1284, par le mariage de Philippe le Bel et de Jeanne, héritière de la Champagne. Son nom lui vient du latin moderne *Campania* qui veut dire plaine. Son sol pauvre et pierreux dans certaines parties qu'on appelle *triots*, s'est bien amélioré. La Champagne produit des vins mousseux renommés et élève beaucoup de moutons. La laine des moutons est centralisée à Reims où elle est peignée, filée, tissée. Les lainages, flanelles, robes, châles, qu'on appelle articles de Reims, sont connus à l'égal des draps d'Elbeuf, des soies de Lyon. Les fabricants de Reims font aussi tisser leurs étoffes à la campagne par des tisseurs qui ont chez eux leur métiers à bras. C'est l'occupation des habitants des campagnes pendant les long hivers du nord de la France.

La Champagne a formé quatre départements : *Aube*, *Marne*, *Haute-Marne*, *Ardennes*.

Aube. — Tire son nom de la rivière de l'Aube qui le traverse. Chef-lieu TROYES, 39,000 hab.; évêché, sur la rive gauche de la Seine; fabriques de toile, de bonneterie. Sous-préf. *Arcis-sur-Aube*, 3,000 hab., bonneterie, commerce de grains; *Bar-sur-Aube*, 4,500 hab., vins estimés; *Bar-sur-Seine*, 2,500 hab., tanneries, commerce de grains; *Nogent-sur-Seine*, 3,500 hab., jolie petite ville, commerce de vins, de bois, d'ardoises.

Autres villes et lieux remarquables : *Clairvaux*, ancienne abbaye convertie en prison; *Les Riceys*, vins renommés; *Romilly-sur-Seine*, fabriques de bonneterie.

Le département de l'Aube a une population de 256,000 âmes.

Sont nés dans le département : l'historien Juvénal des Ursins, le jurisconsulte Pithou; le pape Urbain IV; le conventionnel Danton; le peintre Mignard; le sculpteur Girardon et le chimiste Thénard.

Marne. — Tire son nom de la rivière qui le traverse. Chef-lieu CHALONS-SUR-MARNE, 16,500 hab., évêché; école des arts et métiers, commerce de vins de Champagne. Sous-préf. : *Épernay*, 13,000 hab., fabriques de poterie jaspée et commerce de vins mousseux de Champagne; *Reims*, 72,000 hab., archevêché, ville ancienne et aussi commerçante qu'industrielle. Grand commerce de pain d'épices, de biscuits et de vins de Champagne ; *Sainte-Menehould*, 4,000 hab., commerce de grains; *Vitry-le-François*, 7,500 hab., sur la Marne, rebâtie par François Ier.

Autres villes et lieux remarquables : *Mourmelon*, grand camp de manœuvres; école de tir; *Champ-Aubert*, *Montmirail*, *Vauchamps*, victoires des Français sur les Prussiens, en 1814; *Ay*, *Sillery*, vins mousseux de Champagne; *Valmy*, où Dumouriez battit les Prussiens le 21 septembre 1792.

Le département de la Marne compte 387,000 hab.

Il a vu naître le maréchal Drouet d'Erlon, l'historien Marlot, le cardinal de Retz, l'abbé de la Salle, fondateur de l'ordre des frères des Ecoles chrétiennes, le littérateur Pluche, le grand ministre Colbert, et le philosophe, homme politique, Royer-Collard.

Haute-Marne. — Tire son nom de sa position par rapport au cour de la Marne qui le traverse. Chef-lieu CHAUMONT, 8,500 hab., fabrique de gants. Sous-préf. : *Langres*, 10,000 hab., évêché, place forte sur le plateau du même nom ; coutellerie estimée ; *Vassy*, 3,000 hab., sur la Blaise. Massacre des protestants par le duc de Guise, le 1er mars 1562.

Autres villes et lieux remarquables : *Nogent-le-Roi*, coutellerie; *Bourbonne-les-Bains*, eaux minérales; *Joinville*, sur la Marne; *Saint-Dizier*, commerce de bois, de fer; forges importantes.

Le département de la Haute-Marne compte 250,000 âmes.

Il a donné naissance au sire de Joinville, historien; au jurisconsulte Henrion de Pansey; au sculpteur Bouchardon et au penseur et philosophe Diderot.

Ardennes. — Ce département tire son nom du plateau boisé appelé les *Ardennes* et qui s'étend usqu'en Belgique. Chef-lieu MÉZIÈRES, 4,500 hab., place de guerre sur la Meuse, tanneries, ferronneries. Sous-prét. : *Rethel*, 7,000 hab., sur l'Aisne, moulins à farine, filatures de laine ; *Rocroi*, 2,200 hab., place forte près de la Belgique ; *Sedan*, 14,000 hab., usines métallurgiques, fabriques de draps renommés. C'est à Sedan que Napoléon III s'est rendu prisonnier aux Prussiens le 2 septembre 1870. *Vouziers*, 3,000 hab., commerce de grains, de bestiaux et d'ardoises.

Autres villes et lieux remarquables : *Charleville*, 13,000 hab., à 1 kilomètre de Méziers, fabriques d'armes, ville industrielle, *Givet ; Fumay ; Rimogne*, ardoisières renommées.

Le département des Ardennes a une population de 320,000 hab.

Il a vu naître le maréchal d'Asfeld, Turenne, Macdonald, Savary duc de Rovigo, le médecin Corvisart, le poëte Robert de Sorbon, le musicien Méhul, l'astronome Lacaille et le manufacturier Ternaux, qui a introduit en France les moutons mérinos et les chèvres du Thibet.

Chapitre XIII. — **Provinces de l'Est** (6 provinces, 15 départements).

Lorraine. — Cette province est une de plus belles et des plus riches de la France. Elle se composait des trois évêchés, Metz, Toul et Verdun, conquis par Henri II en 1648, et du duché de Lorraine et Barrois, réuni à la France en 1766, à la mort de Stanislas, ancien roi de Pologne. La Lorraine est arrosée par un grand nombre de rivières : la Moselle, la Sarre, la Meuse, la Meurthe. Montagnes riches en bois et en pâturages ; vastes plaines fertiles en grains. Beaucoup de sel gemme. La Lorraine a formé quatre départements : *Meurthe*, *Meuse*, *Moselle* et *Vosges*. Par le fatal traité du 10 mai 1871, la France a dû abandonner une partie de cette province ; elle a perdu les arrondissements de Metz, de Thionville, de Sarreguemines dans le département de la Moselle et les arrondissements de Sarrebourg et de Château-Salins dans le département de la Meurthe. Les fractions qui nous sont restées de ces deux anciens départements ont formé le département de *Meurthe-et-Moselle*, chef-lieu NANCY, 53,000 hab., évêché, cour d'appel, académie, belle ville, centre du commerce des broderies de Lorraine. Sous-préf. *Briey*, 1,900 hab., chef-lieu du seul arrondissement qui nous reste de la Moselle; *Lunéville*, 15,000 hab., sur la Vezouze, faïences, broderies; *Toul*, 7,000 hab., place forte.

Autres villes et lieux remarquables : *Pont-à-Mousson*, sur la Moselle; *Longwy*, petite place forte sur le Chiers; *Baccarat*, manufactures de cristaux.

Le département de la Meurthe-et-Moselle compte une population de 360,000 hab.

Il a vu naître les généraux Gouvion, Saint-Cyr, Lobeau et Drouot, le critique Hoffmann, le graveur Callot et l'agronome Mathieu de Dombasle.

Meuse. — Tire son nom du fleuve qui le traverse. Chef-lieu BAR-LE-DUC, 15,000 hab., sur l'Ornain; cotonnades, confitures renommées. Sous-préf.: *Commercy*, 4,000 hab., sur la Meuse; *Montmédy*, 2,000 hab.; place forte, sur le Chiers; *Verdun*, 11,000 hab., sur la Meuse; place forte, évêché, fabriques de dragées et de liqueurs renommées.

Autres villes et lieux remarquables : *Vaucouleurs*, ville où Jeanne Darc fut présentée au sire de Baudricourt; *Thusey*, fonderie importante; *Varenne*, sur l'Aire. Louis XVI y fut arrêté le 21 juin 1791.

La Meuse compte 285,000 hab.

Ce département a vu naître : François de Guise, le savant bénédictin dom Calmet, les généraux Excelmans, Oudinot et le grammairien Beauzée.

Vosges. — Tire son nom de la chaîne de montagnes qui le couvre à l'est. Chef-lieu EPINAL, 12,000 hab., sur la Moselle; beaucoup de broderies, images coloriées à l'usage des enfants. Sous-préf.: *Mirecourt*, 5,500 hab.; dentelles dites des Vosges et instruments de musique; *Neufchâteau*, 4,000 hab., sur le Mouzon et près de son confluent avec la Meuse; fabriques de clous appelés *pointes de Paris*; *Remiremont*, 6,500 hab.; toiles de coton et de lin. Son nom lui vient de *Romarici mons*, mont de Romaric. Saint-Romaric y fonda une abbaye vers 620; *Saint-Dié*, 12,000 hab., sur la Meurthe; siége d'un évêché. Le nom de Saint-Dié vient de Dieudonné (Deodatus), évêque de Nevers, qui y fonda un monastère vers la fin du VIIe siècle.

Autres villes et lieux remarquables : *Rambervilliers*, commerce de houblon; *Contrexeville*; *Bussang*; *Plombières*, eaux minérales renommées; *Domrémy*, patrie de Jeanne Darc; *le Val d'Ajol*, fabriques de kirsch; *Raon-l'Etape*, fonderie de fer, commerce de bois.

Le département des Vosges compte 393,000 hab.

Il a vu naître : Jeanne Darc, le mathématicien Blaise, le poëte Gilbert et le maréchal Victor.

PAYS CÉDÉS A L'ALLEMAGNE.

MOSELLE, Metz, *54,000 habitants, grande place forte sur la Moselle et au confluent de la Seille. Ville très-ancienne; elle a été la capitale du royaume d'Austrasie. C'est un centre de fabrication et de commerce de broderies et de grosse draperie Metz renfermait notre école d'application du génie, de l'artillerie et un grand arsenal militaire.* Sarreguemines, *ancienne sous-préfecture, 6,000 hab., sur la Sarre. Grande manufacture de faïence fine, de porcelaine, la première de l'Europe.* Thionville, *ancienne sous-préf., 8,000 hab., sur la Moselle, place forte. Les environs de cette ville sont riches en minerai de fer.* Bitche, *place forte.* Gœtzenbruck, *verres de montres.*

MEURTHE, Château-Salins, *ancienne sous-préf., 2,400 hab.* Sarrebourg, *3,000 hab., ancienne sous-préf. sur la Sarre.* Dieuze, Vic, Moyen-Vic, *salines importantes,* Saint-Quirin, *manufactures de glaces.*

VOSGES, Saales, Schirmeck, *chefs-lieux de canton, filatures de coton.*

Les hommes de guerre nés sur le sol de cette province patriotique sont nombreux et illustres. Citons Fabert, Lasalle, Custine, Molitor, Houchard, Jullien Lallemand et Michel Ney. Ce dernier est né à Sarrelouis, *ville bâtie par Louis XIV et fortifiée par Vauban et qui nous a été enlevée après la seconde invasion en 1815.*

L'ALSACE.— *Cette belle et riche province qui forme une magnifique vallée entre les Vosges et le Rhin, nous a été enlevée pour ainsi dire complétement en 1871. Elle a fait partie de la France jusqu'au Xe siècle, et plus tard après Louis XIV qui la réunit à la couronne en 1648. L'industrie est florissante en Alsace, le sol est fertile et bien cultivé. Elle avait formé deux départements :* BAS-RHIN, *chef-lieu* Strasbourg, *84,000 hab.; belle ville sur l'Ill, près du Rhin. Magnifique cathédrale. Brasseries et pâtés de foie gras renommés.* Saverne, *5,000 hab.* Schlestadt, *10,000 hab.* Wissembourg, *5,000 hab., trois sous-préfectures de notre ancien département du* Bas-Rhin.

Haut-Rhin, *chef-lieu* Colmar, *20,000 habitants, près de l'Ill.* Mulhouse, *58,000 hab., ancienne sous-préf. Immenses ateliers pour la filature du coton et la fabrication des toiles. Impression de tissus de coton. L'industrie de Mulhouse se fait remarquer par l'organisation des classes ouvrières, leur moralité, leur instruction et la conservation de l'esprit de famille. Les autres villes importantes de l'Alsace sont* Hagueneau, Bischwiller, *villes commerçantes,* Mutzig, Klingenthal, *manufactures d'armes,* Sainte-Marie-aux-Mines, Ribeauville, *impressions de tissus.*

L'Alsace a vu naître un grand nombre d'hommes illustres, citons : les généraux Kléber, Becker, Schéramm, Rapp, Scherer, et les maréchaux Kellermann et Lefebvre.

Les pays enlevés à la France en Lorraine et en Alsace comptent une population de plus d'un million et demi d'habitants répartis dans 1,800 communes. — C'est une grande perte pour notre patrie.

Partie française. — Il ne nous reste de l'Alsace que *Belfort* et son territoire. *Belfort*, 8.000 hab., s'est illustré par sa défense héroïque. Les Prussiens n'ont pu s'en emparer. Le territoire de cette ville renferme 106 communes, 6 cantons. Il est administré comme un de nos départements.

Franche-Comté. — Cette province a dépendu tour à tour du royaume des Francs et de l'empire germanique. Elle fut définitivement réunie à la France sous Louis XIV, par le traité de Nimègue en 1678. Sol fertile, bon vin, elle renferme des mines de fer et des salines. Son horlogerie et ses fromages sont très-renommés. La Franche-Comté a formé trois départements : *Doubs, Haute-Saône* et *Jura.*

Doubs. — Tire son nom de la rivière qui l'arrose. Chef-lieu Besançon, 49,500 hab., archevêché, cour d'appel, académie, centre d'une grande fabrication d'horlogerie. Sous-préf. *Baume-les-Dames*, 2,500 hab., sur le Doubs, ainsi nommé à cause d'une célèbre abbaye de bénédictines qui existait avant la révolution de 1789. *Montbéliard*, 6,500 hab., sur le Doubs, ancien château fort, tanneries. *Pontarlier*, 5,000 hab., sur le Doubs, forges, papeteries, commerce de grains et de fromages.

Autres villes et lieux remarquables : *Champagnole*, forges importantes. *Fort-de-Joux*, château fort. *Audincourt*, fabrication de tôle, de fer-blanc.

Le Doubs compte 291,000 hab.

Il a vu naître le général Moncey, le naturaliste Cuvier et les jurisconsultes Proudhon, Séguier et Loiseau.

Haute-Saône. — Doit son nom au cours supérieur de la Saône sur lequel il est situé. Chef-lieu Vesoul, 8,000 hab., sur le Durgeon au pied de la montagne de la Motte. Sous-préf. *Gray*, sur la Saône, 7,000 hab., moulins à blé, commerce de grains, de farine et de fer. *Lure*, 3,500 hab., usines à fer et à acier.

Autres villes et lieux remarquables : *Jussey*, commerce de grains ; *Fougerolles*, commerce de kirsch ; *Luxeuil*, eaux minérales. Ce département a une population de 303,000 hab. Y sont nés : le grammairien Lancelot, l'astronome Beauchamp, le chirurgien Desault, le général Carteaux et Bureau de Puzy auquel est dû, dit-on, le travail de la division de la France en départements.

Jura. — Tire son nom des montagnes qui le bornent à l'est. Chef-lieu Lons-le-Saulnier, 10,500 hab., commerce de chevaux, de glaises, de fromages et de sel extrait des salines. Sous-préf. *Dôle*, 12,000 hab., poêles et fourneaux en fonte ; *Poligny*, 5,000 hab., vins, huiles, fromages. *Saint-Claude*, 7,000 hab., évêché, instruments de musique, entrepôt des salines de l'Est, fabriques d'ouvrages en buffle, écaille, os, ivoire, buis, etc.

Autres villes et lieux remarquables : *Château-Chalon*, vins renommés ; *Arbois*, vins ; *Salins*, salines et eaux minérales ; *Morez*, fabrication d'horlogerie ; *Sept-Moncel*, fromages de ce nom, taille de pierres précieuses.

Le Jura a une population de 288,000 hab.

Il a vu naître Rouget de l'Isle, auteur de la *Marseillaise*, le critique Olivet et les généraux Lecourbe et Pichegru.

Chapitre XIV. — **Provinces de l'Est** (suite).

Bourgogne. — La Bourgogne a formé d'abord

un royaume indépendant. Elle doit son nom aux *Burgundes*, peuple sorti de la Germanie et qui s'établit dans cette partie des Gaules vers 280. Au démembrement de l'empire de Charlemagne, la Bourgogne forma un duché. Le dernier duc de Bourgogne fut Charles le Téméraire. A sa mort, 1477, Louis XI réunit cette province à la France. C'est un beau et riche pays, très-fertile. Il produit des vins renommés. Il renferme des mines de fer, de plomb, des carrières de pierres à bâtir et des carrières de marbre. Les monts de la Bourgogne sont couverts de forêts. Cette province a formé quatre départements: *Côte-d'Or*, *Saône-et-Loire*, *Yonne*, *Ain*.

Côte-d'Or. — Tire son nom des collines qui le traversent. Le nom est justifié par les excellents vins que produisent ces coteaux. Chef-lieu DIJON, 42,500 hab., sur l'Ouche et sur le canal de Bourgogne. Évêché, cour d'appel et académie. Belle ville, fait un grand commerce de vins. Sous-préf. *Beaune*, 11,000 hab., grand commerce des vins de la Côte-d'Or. *Châtillon-sur-Seine*, 5,000 hab., commerce de fers, de tôles. Congrès des Alliés en 1814. *Semur*, 4,000 hab., commerce de chevaux, de grains et de chanvre.

Autres villes et lieux remarquables : *Auxonne*, sur la Saône, arsenal d'artillerie; *Arnais-le-Duc*, limes pour l'horlogerie; *Saint-Jean-de-Losne*, près des canaux de Bourgogne et de l'Est, commerce de bois, de fers, de grains; *Meursault*, vins renommés; *Nuits*, excellents vins. Les Prussiens y furent battus en 1871. *Alise-Sainte-Reine*, on croit que c'est *Alésia*, désigné par les commentaires de César, où fut battu et pris le Gaulois Vercingétorix. *Citeaux*, ancienne abbaye; *Sainte-Colombe*, forges importantes.

Le département de la Côte-d'Or compte 374,500 hab.

Il a vu naître Saint-Bernard, Bossuet, madame de Sévigné, les poëtes Crébillon, Piron, le célèbre géomètre et professeur Monge, un des fondateurs de nos deux plus célèbres écoles, l'Ecole normale et l'Ecole polytechnique; les hommes de guerre tels que Carnot, Junot, Marmont; les naturalistes

Buffon, Daubenton; le musicien Rameau, le chimiste Guyton-Morveau, l'instituteur Jacotot et le conventionnel Prieur-Duvernois.

Saône-et-Loire, tire son nom des rivières qui l'arrosent. Chef-lieu MACON, 17,500 hab., sur la Saône, vins renommés. Sous-préf. *Autun*, 11,500 hab. Ancienne ville autrefois importante. Son nom lui vient d'Auguste, empereur romain, qui la fit rebâtir. Evêché. Commerce de bois. *Châlons-sur-Saône*, 20,500 hab.; commerce de vins et de farines. *Charolles*, 3,500 hab., commerce de bestiaux, de bœufs du Charollais. *Louhans*, 4,000 hab., sur la Seille; commerce de produits agricoles.

Autres villes et lieux remarquables : *Cluny*, ancienne abbaye dans laquelle se trouvent une école normale et un collége. *Le Creuzot*, immenses usines pour la construction des machines, des locomotives et des grandes pièces de fer. *Epinac*, *Blanzy*, mines de houille; *Chagny*, *Givry*, *Mercury*, vins renommés.

Le département de Saône-et-Loire compte près de 600,000 hab.

Il a vu naître le président Jennin qui s'opposa au massacre des protestants à Dijon, les peintres Greuze et Prudhon, le dessinateur Denon, et le poëte Lamartine.

Yonne. — Le nom de ce département lui vient de la rivière qui le traverse. Chef-lieu AUXERRE, 31,500 hab., sur l'Yonne; fabriques de futailles et de grosses draperies. Sous-préf. *Avallon*, 5,500 hab., sur le Cousin; *Joigny*, 6,500 hab., fabriques de toiles; *Sens*, 11,500 hab. Archevêché; commerce de vins, de grains. Belle cathédrale. *Tonnerre*, 5,000 hab. Vins blancs estimés.

Autres villes et lieux remarquables : *Chablis*, vins blancs renommés. *Saint-Florentin*, ville ancienne, autrefois fortifiée. *Vézelay*, célèbre abbaye dont il reste encore l'église. *Saint-Fargeau*, château. *Villeneuve-sur-Yonne*, commerce de vins et de bois.

Le département de l'Yonne compte 363,500 hab.

Il a vu naître le sectaire Théodore de Bèze, le grand ingénieur militaire Vauban, le peintre Jean Cousin, l'architecte Soufflot, Sedaine, le mathématicien Fourrier et le maréchal Davoust.

Ain. — Tire son nom de la rivière de l'Ain, qui le traverse du nord au sud. Chef-lieu Bourg, 14,500 hab., sur la Reyssouse ; commerce de grains, de bétail et surtout de poulardes grasses. Près de Bourg est la belle église de Brou, admirable ouvrage du XVIe siècle. Sous-préf. *Belley*, 4,500 hab. Evêché, ancienne capitale du Bugey. *Gex*, appartenait avant 1815 au département du *Léman* qui avait pour chef-lieu Genève, 2,500 hab. ; commerce de fromages de Gruyères et de fromages bleus fabriqués dans les montagnes du pays. *Nantua*, 3,500 hab., dans une gorge du Jura ; fabrication de peignes. *Trévoux*, 2,500 hab. ; ville ancienne, jadis imprimerie célèbre, ancienne capitale de la principauté des Dombes.

Autres villes et lieux remarquables : *Pont-de-Vaux*, près de la Saône. *Seyssel*, sur le Rhône ; bitume, asphalte. *Ferney*, fabrication d'horlogerie, résidence de Voltaire.

Le département de l'Ain a une population de 363,000 hab.

L'amiral Coligny, Joubert, général des armées de la République, l'astronome Lalande, le grammairien Vaugelas et le médecin Bichat sont nés dans ce département.

Lyonnais. — Cette province fut réunie à la France par Philippe le Bel. Elle comprenait le Forez et le Beaujolais. C'est une riche province. Elle a des mines de houille, de fer, de cuivre ; elle produit du blé, du vin, des fruits. Son commerce, son industrie occupent le premier rang dans le monde. De 1790 à 1793 le lyonnais n'a formé qu'un département qu'on appelait *Rhône-et-Loire*. En 1793 la Convention en fit deux, tels qu'ils sont aujourd'hui : le *Rhône* et la *Loire*.

Rhône, tire son nom du fleuve de ce nom. Chef-lieu Lyon, 323,500 hab. Grande et belle ville sur la Saône et sur le Rhône et près de leur confluent. Archevêché, cour d'appel et académie ; possède une école des beaux-arts, un arsenal militaire. Lyon est une grande place forte et en même temps une ville importante de commerce et de fabrication de soieries. Les soieries de Lyon sont renommées et recherchées non-seulement en Europe mais dans l'univers entier. Belles places publiques, quais splendides, jolies promenades. Lyon est la deuxième ville de France. Sous-préf. *Villefranche*, 12,000 hab. Entrepôt des vins du Beaujolais, bestiaux pour l'approvisionnement de Lyon, fabriques de cotonnades, de couvertures.

Autres villes et lieux remarquables : *Ampuis*, on récolte sur son territoire les vins de Côte-Rôtie ; *Chaponost*, ruines d'un aqueduc romain ; *Coudrieu*, vins blancs ; *Sain-Bel*, *Chesly*, mines de cuivre ; *Givors*, au confluent du Gier et du Rhône, verreries importantes ; *Beaujeu*, ancienne capitale du Beaujolais, vins de ce nom ; *Cours*, *Thysy*, fabrication de couvertures et de molletons. *Tarare*, ville industrielle sur la Turdinne, grande fabrication de mousselines unies, brodées et façonnées et de peluches.

Le Rhône a une population de 670,000 hab.

Sont nés dans le département : les empereurs Claude et Marc-Aurèle, l'évêque Sidoine Apollinaire, le chef de la secte religieuse des Vaudois, Pierre Valdo, les botanistes de Jussieu, les architectes Rondelet, Philibert Delorme, les statuaires Coustou, Coysevox, Lemot, le mathématicien Ampère, les généraux Suchet Duphot, l'agronome Rozier, le ministre Roland, le médecin Pouteau, le peintre Flandrin et le mécanicien tisseur Jacquart.

Loire. — Tire son nom de la Loire qui le traverse. Chef-lieu SAINT-ETIENNE, 111,000 hab., sur le Furens. Exploitation de houille, grande fabrication de rubans, d'acier, d'armes blanches et d'armes à feu, école des mineurs. Sous-préf. *Montbrison*, 7,000 hab., ancien chef-lieu du département. *Roanne*, 20,000 hab., ville commerçante, nombreuses fabriques de cotonnades.

Autres villes et lieux remarquables : *Saint-Chamond*, *Terrenoire*, *Assailly*, centres de l'extraction de la houille et de la fabrication d'acier, hauts fourneaux. *Pelussin*, *Saint-Paul-en-Jarret*, filatures de soies ; *Rive-de-Gier*, forges importantes, fabrication de grosses pièces pour la marine ; *Feurs*, ville ancienne ; *Saint-Galmier*, *Saint-Alban*, eaux minérales.

Le département de la Loire compte 550,600 hab.

Y sont nés : le maréchal de Saint-André, l'amiral Bonnivet, le financier Ferray, le poëte Berchoux et les sculpteurs Poyatier et Moyne.

Dauphiné. — Cette province fait partie de la France depuis 1346. Elle a été cédée à Philippe VI par le dauphin Humbert II à la condition que le fils aîné des rois de France porterait le nom de *Dauphin*. Cette province est en partie montagneuse, elle est peu fertile en grains. Elle renferme des mines de fer, de plomb et d'anthracite et produit des vins estimés. Le Dauphiné a formé trois départements : *Isère*, *Drôme*, *Hautes-Alpes*.

Isère. — Tire son nom de la rivière qui le traverse. Chef-lieu Grenoble, 42,500 hab., place forte, évêché, cour d'appel et académie. Grande fabrication de gants et de liqueurs fines. Sous-préf. *Saint-Marcellin*, 3,500 hab., commerce de vins, fromages. *La Tour-du-Pin*, 3,000 hab., sur la Bourbre. *Vienne*, 26,000 hab., ville ancienne, autrefois la capitale des Allobroges, a des fabriques de draps; hauts fourneaux, forges considérables.

Autres villes et lieux remarquables : *Allevard*, eaux minérales, mines de fer, forges, hauts fourneaux; *Barraux*, fort à l'entrée de la vallée du Grésivaudan au milieu de laquelle coule l'Isère; *Bourg d'Oisans*, au milieu d'un pays très-pittoresque ; *La Grande-Chartreuse*, célèbre monastère fondé par saint Bruno en 1084, beaux sites, belles forêts, liqueur fort estimée que fabriquent les Chartreux; *Pontcharra*, sur le Bréda, près des ruines du château de Bayard ; *Uriage*, près de Grenoble, eaux minérales très-fréquentées ; *Vizille*, dans le château duquel s'est tenue la fameuse assemblée provinciale du Dauphiné d'où est sortie la révolution de 1789 ; *Voiron*, fabrication de toiles renommées et de liqueurs ; *Lamure*, sur un plateau élevé ; *Sassenage*, entrepôt des fromages de ce no[m] fabriqués sur les montagnes du Villard-de-Lans ; *Sassenage*, *La Balme*, ont des grottes curieuses visitées par un grand nombre d'étrangers ; *La côte Saint-André*, liqueurs ; *Roussillon*, vins. Château dans lequel Charles IX rendit l'ordonnance qui faisait commencer l'année au 1er janvier ; *Bourgoin* a des fabriques d'indiennes.

Le département de l'Isère compte 576,000 hab.

Il a vu naître le célèbre Bayard, Condillac, le mécanicien

Vaucanson, l'historien Mably, Barnave, Casimir Périer, le cardinal de Tencin, Gentil Bernard et Ponsard.

Drôme. — Ce département tire son nom de la rivière qui le traverse de l'est à l'ouest. Chef-lieu VALENCE, 20,500 hab., sur la rive gauche du Rhône, évêché. Commerce de soies. S.-préf. *Die*, 3,800 hab., sur la Drôme, filatures de soies, vin appelé clairette de Die. *Montélimar*, 11,000 hab., à 5 kilomètres du Rhône ; commerce et filatures de soie ; fabrique de nougat. *Nyons*, 3,500 hab., sur l'Aigues, filatures de soie; petite ville bâtie au pied des montagnes qui l'abritent des vents du nord; bon climat; la culture de l'olivier et le commerce d'huiles font la richesse du pays.

Autres villes et lieux remarquables : *Romans*, filatures et commerce de soies. *Tain*, vin de l'Hermitage. *Crest*, fabrique de draps; ancien château fort. *Grignan*, ruines grandioses du château de M. de Grignan, gendre de madame de Sévigné, où cette dernière est morte. *Saint-Paul-trois-Châteaux*, ancien évêché. *Le Buis*, dans une vallée entourée de hautes montagnes, non loin du mont Ventoux; *Condillac*, *Propiac*, *Montbrun*, *Condorcet*, eaux minérales; *Dieu-le-fit*, draperies.

Le département de la Drôme compte 320,000 hab.

Il a vu naître Dupuy-Montbrun, le général Championnet, le gouverneur de nos anciennes colonies des Indes, Lally-Tollendal et Philis de Charce qui a son tombeau dans l'église de Nyons.

Hautes-Alpes. — Tire son nom des montagnes des Alpes. Chef-lieu GAP, 9,000 hab., évêché, ville ancienne. S.-préf. *Briançon*, sur une hauteur, 4,000 hab., place de guerre de première classe, près du col du mont Genèvre. *Embrun*, 3,500 hab., place forte sur la Durance.

Autres villes et lieux remarquables : *Lesdiguières*, ancien duché. *Mont-Dauphin*, petite place forte au confluent du Guil et de la Durance.

Le département des Hautes-Alpes compte 119,000 hab.

Il est la patrie du connétable de Lesdiguières.

Chapitre XV.—**Provinces du Sud.** (7 prov. 24 dép.)

Provence. — Ce nom vient du mot *provincia* des Romains. Ils donnaient ce nom aux pays vaincus qu'ils réunissaient à l'empire. La Provence a un climat chaud et un sol varié. Elle a les productions des pays du midi de l'Europe : les oranges, les ctrons, les figues, les olives, les amandes sont avec le mûrier, dont la feuille sert à la nourriture des vers à soie, les principales productions de la Provence. On y cultive beaucoup de fleurs dont on extrait l'essence qui sert à la fabrication des parfums. Avec l'huile d'olive et l'extrait, appelé *soude*, d'une plante marine qu'on trouve sur le sol de Provence, on fait les savons. La Provence a été réunie à la France en 1486 sous le roi Charles VIII. Elle a formé trois départements : *Bouches-du-Rhône, Var, Basses-Alpes.*

Bouches-du-Rhône. — Tire son nom du Rhône qui se jette dans la mer par plusieurs embouchures. Chef-lieu Marseille, 313,000 habitants; premier port de la France pour les opérations commerciales; évêché; grande et belle ville, très-importante par son commerce, ses fabriques de savons et ses raffineries de sucre. Marseille est une ville très-ancienne, fondée par les Phocéens 600 ans avant J.-C. S.-préf. *Aix*, 30,000 hab.; archevêché, cour d'appel, académie, école des arts et métiers; ancienne capitale de la Provence. *Arles*, 25,000 hab., ville ancienne, bel amphithéâtre romain. Commerce d'huiles, de vins, de fruits.

Autres villes et lieux remarquables : *La Ciotat*, port, importants chantiers de construction de machines de bateaux à vapeur. *Roquevaire*, commerce de figues et de raisins secs. *Les Martigues*, port sur l'étang de Berre. *Tarascon*, sur le Rhône, en face Beaucaire; culture de la garance.

Ce département a une population de 555,000 hab.

Il a vu naître l'astrologue Nostradamus, l'écrivain moraliste Vauvenargue, le sculpteur Puget, le peintre Vanloo, le conventionnel Barbaroux, les poëtes Barthélemy et Méry, les marins Suffren, Gautheaume et les généraux Chabert et Gardanne.

Var. — Tire son nom de la rivière qui le séparait autrefois de l'Italie. Depuis la réunion de l'arrondissement de Grasse aux Alpes-Maritimes le Var ne coule plus dans le département de ce nom. Chef-lieu Draguignan, 9,500 hab ; commerce d'huile d'olive. S.-préf. *Brignoles*, 5,500 hab.; prunes séchées. *Toulon*, beau site, charmant climat, 70,000 hab., beau port militaire, grand arsenal et chantiers de constructions navales.

Autres villes et lieux remarquables : *Fréjus*, évêché ; *Le Luc*, commerce de bouchons de liége ; *Saint-Maximins*, belle église gothique ; *Saint-Tropez*, commerce d'anchois et de thons ; *Hyères*, climat délicieux, huile, eau de fleurs d'oranger.

Le Var compte 294,000 hab.

Il a vu naître le savant Moreri, l'orateur Massillon, les hommes politiques Barras et l'abbé Siéyès et le philosophe Raynouard.

Basses-Alpes. — Tire son nom de sa position physique sur le versant méridional des Alpes. Chef-lieu Digne, 7,000 hab., évêché. Cuirs, fruits secs et confits. Sous-préf. *Barcelonnette*, 2,000 hab., filatures de soies. *Castellane*, 1,800 hab., fruits secs. *Forcalquier*, 2,500 hab., miel, amandes. *Sisteron*, 4,500 hab., sur la Durance. Citadelle sur un rocher qui domine la ville.

Autres villes et lieux remarquables : *Riez*, ancien évêché ; *Moustiers* a des fabriques de faïence ; *Manosque*, sur la Durance, commerce et filatures de soies ; *Sainte-Tulle*, école de sériciculture.

Ce département compte 139,000 hab.

Il a vu naître le philosophe Gassendi et le député Manuel.

Roussillon. — Cette province doit son nom à la ville ancienne de *Ruscino ;* elle a été conquise sous Louis XIII. Le traité des Pyrénées, 1659, en garantit la possession à la France. La partie montagneuse du Roussillon est stérile ; les plaines jouissent d'un climat délicieux et sont très-fertiles. Elles produisent les fruits et les légumes du Midi et un excellent vin.

Le Roussillon a formé le département des *Pyrénées-Orientales*, ainsi nommé à cause de sa situation à l'orient des Pyrénées. Chef-lieu PERPIGNAN, 27,500 hab., évêché, place de guerre importante. Draps, bouchons de liége. Sous-préf. *Ceret*, 3,500 hab., commerce d'huile et de bouchons de liége. *Prades*, 3,000 hab., sur la Tet.

Autres villes et lieux remarquables : *Etagel*, commerce de miel ; *Salces*, vin blanc ; *Amélie-les-Bains*, eaux minérales ; *Port-Vendres*, place forte, ville maritime ; *Sahorre*, forges, fabriques d'acier, de limes.

Ce département compte 192,000 hab.

Il est la patrie du peintre Rigaud, le *Van Dyck français*, et de l'illustre astronome François Arago.

COMTÉ DE FOIX. — Cette province, comme le Béarn, faisait partie du domaine de Henri IV. Elle a été réunie à la France à l'avénement de ce roi. Sol montagneux et peu fertile. Dans les vallées et sur le flanc de quelques montagnes, on trouve cependant des pâturages. Les vallées les plus fertiles sont celles de l'Ariége, du Lers et du Salat. Le comté de Foix a formé le département de l'*Ariége*, nom d'une rivière. Chef-lieu FOIX, 6,500 hab., forges et aciéries. Sous-préf. *Pamiers*, 7,500 hab., évêché, fabrique d'acier. *Saint-Girons*, 4,500 hab., marbres, filatures de laine.

Autres villes et lieux remarquables : *Lavelanet*, fabrique de draps ; *Sem*, mines de fer ; *Ussat*, eaux minérales ; *Mirepoix*, ancien évêché ; *Vicdessos*, forges considérables.

Le département de l'Ariége compte 246,000 hab.

Il a vu naître le pape Benoît XII, Gaston Phœbus et Gaston de Foix, l'astronome Vidal, le critique Bayle et le maréchal Clausel.

BÉARN. — Ce nom vient de l'ancienne ville romaine de *Beneharnum*. Cette province appartenait à la maison de Bourbon et fait partie de la France depuis Henri IV. Le Béarn est une province peu fertile ; beaucoup de landes et de montagnes incultes. Quelques coteaux et quelques vallées sont plantées de vignes. On y exploite des mines de cuivre et des carrières de marbre. Le Béarn a formé le département des *Basses-Pyrénées*, ainsi nommé à cause de sa situation à l'extrémité des Pyrénées. Chef-lieu Pau, 27,500 hab. Beau climat. Sur un plateau qui domine le gave de Pau. Commerce de toile et de vin. Sous-préf. *Bayonne*, 27,000 hab., évêché, port de mer, jambons renommés. *Mauléon*, 1,500 hab., sur le gave de Gaïdon. *Oloron*, 8,500 hab., filatures de laine, teintureries. *Orthez*, 6,500 hab., centre de la fabrication des jambons dits de Bayonne.

Autres villes et lieux remarquables : *Lescar*, sur les ruines de *Beneharnum*, ancien évêché ; *Biarritz*, bains de mer ; *Eaux-Bonnes*, *Eaux-Chaudes*, eaux minérales renommées ; *Salies*, source salée qui donne un sel blanc aux qualités duquel les salaisons et les jambons de Bayonne doivent leur réputation.

Ce département compte 427,000 hab.

Ce département a vu naitre Henri IV, le vicomte d'Orthez, connu pour sa belle réponse à Charles IX à propos de la Saint-Barthélemy, et Bernadotte, général de la République et de l'Empire qui devint roi de Suède.

L'île de Corse fait partie de la France depuis 1768. Avant cette époque elle appartenait à la république de Gênes. Mais les Génois ne pouvant dompter les révoltes successives des Corses vendirent leurs droits sur l'île à la France. Sol fertile, mais mal cultivé, grandes forêts, beaucoup de châtaigniers, oliviers, orangers, citronniers. Peu d'industrie. Les Corses sont sobres, énergiques, mais vindicatifs à l'excès. De 1790 à 1811 la Corse a formé deux départements : *Golo*, *Liamone*. En 1811 les deux départements furent réunis sous le nom de l'île. Chef-lieu Ajaccio, 16,500 hab., évêché, commerce de corail. Sous-préf. *Bastia*, 18,000 hab., ancienne capitale de la Corse. Cour d'appel. Cette ville est bâtie en amphithéâtre au milieu de jardins d'orangers, d'oliviers, de citronniers. *Calvi*, 2,000 hab., place forte et ville maritime. *Corte*, place forte, au centre de l'île. 5,500 hab., fabrique de gros draps. *Sartène*, 4,000 hab.; commerce de bestiaux, de grains, d'huile.

Autres villes et lieux remarquables : *Morosoglia*, dans une vallée où se tenaient autrefois les assemblées générales du peuple corse; *Bonifacio*, ville maritime sur le détroit de ce nom; *Porto-Vecchio*, petite ville maritime au fond d'une baie qui forme un des plus beaux ports de l'Europe.

La Corse à 240 kilomètres de long, sur 90 de large; sa population est de 258,500 hab.

C'est la patrie de la famille Bonaparte et de Paoli, chef corse qui lutta pour l'indépendance de son pays en haine des Génois et de la France et qui le livra ensuite aux Anglais en 1793.

Chapitre XVI. — **Provinces du Sud** (suite).

Languedoc. — Cette province appelée autrefois Septimanie ou Gothie fait définitivement partie de la France depuis 1271 sous Philippe le Hardi. C'est à partir de ce moment qu'on employa pour désigner cette province le mot *languedoc* par opposition aux pays du nord où l'on parlait la *langue d'oil*. *Oc*, *oil* sont les deux mots répondant au mot *oui* dans ces deux langues. Cette province est généralement fertile; elle est bien cultivée. Les vins et eaux-de-vie du Languedoc sont renommés. On y élève aussi beaucoup de vers à soie. Le Languedoc a formé huit départements : *Haute-Garonne*, *Tarn*, *Aude*, *Hérault*, *Gard*, *Lozère*, *Haute-Loire*, *Ardèche*.

Haute-Garonne.—Tire son nom du cours supérieur de la Garonne. Chef-lieu Toulouse, 125,000 hab., sur la Garonne et sur le canal du Midi; archevêché, cour d'appel et académie; arsenal, fonderie de canons. Commerce considérable de blé, de farines, de vins et de fer. Toulouse est l'entrepôt du commerce de la France avec l'Espagne. Sous-préf. *Muret*, 4,000 hab., grains et vins. *St-Gaudens*,

5,500 hab., porcelaines et faïences. *Villefranche*, 2,500 hab., dans le Lauraguais, commerce de grains.

Autres villes et lieux remarquables : *Grenade*, au confluent de la Garonne et de la Save ; *Bagnères-de-Luchon*, eaux sulfureuses.

Ce département compte 479,000 hab.

Il est la patrie du jurisconsulte Cujas, de l'abbé Sicard, successeur de l'abbé de l'Epée, et de l'ingénieur Riquet à qui l'on doit le canal du Midi.

TARN.— Tire son nom de la rivière qui le traverse. Chef-lieu ALBY, 17,500 hab., archevêché. Commerce de draps, de grains et de fruits secs. Sous-préf. *Castres*, 23,500 hab., sur l'Agout, fabriques de draperies. *Gaillac*, 7,800 hab., commerce de vins, d'anis. *Lavaur*, 7,300 hab., élève des vers à soie.

Autres villes et lieux remarquables : *Carmaux*, exploitation de houille ; *Mazamet*, fabrication de couvertures, de grosses draperies, de flanelles.

Le Tarn compte 353,000 hab.

Sont nés dans ce département : le maréchal Soult, le général d'Hautpoul, le peintre Rivals et le célèbre navigateur Lapérouse.

Aude. — Tire son nom de la rivière de l'Aude. Chef-lieu CARCASSONNE, 24,000 hab., évêché, sur l'Aude et sur le canal du Midi. Draperies, couvertures. Sous-préf. *Castelnaudary*, 9,000 hab., sur le canal du Midi. Draps, lainages. *Limoux*, 6,000 hab. Commerce de vin, manufactures de draps. *Narbonne*, 17,000 hab., sur le canal de la Robine qui communique à la mer. Vins et eaux-de-vie.

Autres villes et lieux remarquables : *Cannes*, carrières de marbre ; *Alet*, eaux minérales ; *Sainte-Colombe*, bijoux en jais.

L'Aude compte 286,000 hab.

Ce département a vu naître l'érudit Terentius Varron, le médecin Barthez, le général d'artillerie Andréossy et le conventionnel Fabre d'Églantine.

Hérault. — Tire son nom de la rivière qui la traverse. Chef-lieu MONTPELLIER, 58,000 hab., siége d'un évêché, d'une cour d'appel et d'une académie, a des fabriques de draps. Commerce considérable de vins et d'eaux-de-vie. Sous-préf. *Béziers*, 31,500 hab., grand commerce de vins et d'alcool. *Lodève*, 9,500 hab., filatures de laine, fabrication de draps. *Saint-Pons*, 5,800 hab., mines de fer et carrières de marbre.

Autres villes et lieux remarquables : *Cette*, 26,000 hab., le plus important des ports de la Méditerranée après Marseille ; bains de mer, pêche de sardines, construction de navires, commerce considérable en vins, eaux-de-vie, et productions du Midi ; *Frontignan*, vins muscats ; *Lunel*, vins renommés.

L'Hérault compte 430,000 hab.

C'est la patrie du cardinal de Fleury, des peintres Fabre et Vien, du naturaliste Flourens et du consul Cambacérès.

Gard. — Le nom de ce département lui vient de la rivière du Gard. Chef-lieu NIMES, 63,000 hab., évêché, cour d'appel, dans une plaine fertile, célèbre par ses beaux monuments romains, les arènes, la maison carrée, la tour Magne. Nîmes a des fabriques de tapis et des teintureries renommées. Sous-préf. *Alais*, 20,000 hab., exploitation de houille, de fer, hauts fourneaux, forges, fonderies, commerce de soies. *Uzès*, 5,500 hab., filatures de soie. *Le Vigan*, 5,000 hab., filatures de soie.

Autres villes et lieux remarquables : *Aigues-Mortes*, au milieu de marais salants ; *Beaucaire*, sur le Rhône. Foire célèbre ; *Lafoux*, à un kilomètre est le célèbre et beau pont romain, ancien aqueduc, appelé pont du Gard ; *Pont-Saint-Esprit*, sur le Rhône, ville commerçante. Pont de 818 mètres construit au XIIIe siècle.

Le Gard a une population de 420,000 hab.

Il a vu naître le célèbre chevalier d'Assas, le fabuliste Florian, Nicot qui a introduit le tabac en France, le conventionnel Rabaut-Saint-Etienne, le général Montcalm, l'historien Guizot.

Lozère. — Le nom de ce département lui vient d'une chaîne de montagnes qui le traverse de l'est à l'ouest. Chef-lieu MENDE, 7,000 hab., évêché, a des fabriques de serge, de cadis et de papeteries. Sous-préf. *Florac*, 2,000 hab., eaux minérales, culture du mûrier. *Marvéjols*, 4,500 hab., a des fabriques de serge et de cadis.

Autres villes et lieux remarquables : *Bagnols*, eaux minérales fréquentées; *Châteauneuf-de-Randon*, autrefois ville fortifiée.

La Lozère compte 135,000 âmes.

C'est la patrie du pape Urbain V, du maréchal Duroc et du chimiste Chaptal.

Haute-Loire. — Ce département est ainsi nommé à cause de sa position par rapport au cours de la Loire. Chef-lieu Le Puy, 19,000 hab., évêché, au pied du mont Corneille. Centre d'un grand commerce de dentelles. Sous-préf. *Brioude*, 4,500 hab., sur la Loire, a des fabriques de toiles. *Yssingeaux*, 8,000 hab., fabrication de dentelles, commerce de grains et de bestiaux.

Autres villes et lieux remarquables : *Polignac*, ruines d'un ancien château féodal ; *La Chaise-Dieu*, belle église, reste d'une célèbre abbaye de bénédictins.

Le département de la Haute-Loire a 308,700 hab.

C'est la patrie du cardinal de Polignac, du maréchal de Latour-Maubourg, du sculpteur Julien et du général La Fayette.

Ardèche. — Tire son nom de la rivière qui l'arrose. Chef-lieu Privas, 7,800 hab. Commerce de soies. Ancienne place forte des protestants du Vivarais. Sous-préf. *Largentière*, 3,000 hab. Commerce de soies. *Tournon*, 5,000 hab., sur le Rhône, commerce de soies, de vins de la côte du Rhône, teintureries, impressions de foulards.

Autres villes et lieux remarquables : *Aubenas*, grand commerce de soies. *Bourg-Saint-Andéol*, ville commerçante, sur le Rhône ; *Vals*, eaux minérales ; *Viviers*, siége d'un évêché ; *Annonay*, fabrication de papiers.

L'Ardèche a 380,000 hab.

Patrie du cardinal de Bernis, de Boissy-d'Anglas, des Montgolfier, de l'agronome Olivier de Serres, du cardinal de Tournon et du général Rampon.

Chapitre XVII. — **Provinces du Sud.** (Suite).

Guyenne et Gascogne. — Le nom de Guyenne fut longtemps synonyme de celui d'Aquitaine, dont il paraît n'être qu'une corruption. Le nom de Gascogne vient des *Vascons*, peuple d'Espagne, qui, refoulé par les Goths, franchit les Pyrénées vers 542 et s'établit dans les provinces appelées depuis Gascogne et Guyenne. Ces provinces furent longtemps sous la domination anglaise. Ce n'est qu'en 1453 que Charles VII les réunit à la France. Elles sont, en général, fertiles, moins les Landes, de Bordeaux à Bayonne ; encore les sables mouvants sont-ils aujourd'hui plantés de pins maritimes qui produisent de la résine. Les vins de Bordeaux jouissent d'une grande renommée. Dans ces provinces on trouve des forêts de chêne-liége. La Guyenne et la Gascogne ont formé neuf départements : *Gironde*, *Dordogne*, *Lot-et-Garonne*, *Lot*, *Aveyron*, *Tarn-et-Garonne*, *Landes*, *Gers*, *Hautes-Pyrénées*.

Gironde. — Tire son nom du fleuve de la Gironde, nom que prend la Garonne après avoir reçu la Dordogne. Chef-lieu BORDEAUX, 194,000 hab. Port de la marine marchande, archevêché, cour d'appel, académie. Bordeaux est une ville de commerce; elle exporte des vins, des eaux-de-vie, et importe des denrées coloniales. Le flux de la mer se fait sentir jusqu'à Bordeaux. Son port est magnifique ; il est couvert des bâtiments de toutes les parties du monde. Belles promenades, grands monuments. La ville entière avec son port offre un aspect grandiose, qui fait de Bordeaux une des plus belles cités de l'Europe. Sous-préf. *Bazas*, 5,000 hab., fabrication de cuirs, vins blancs de Sauterne. *Blaye*, 4,500 hab., port sur la Garonne. *Lesparre*, 3,500 hab., fabrication de lainages, commerce de vins et de bestiaux. *Libourne*, 15,000 hab., au confluent de la Dordogne et de l'Isle; excellents vins. *La Réole*, 4,000 hab., commerce de bois de chauffage, de tonneaux; ancienne place forte.

Autres villes et lieux remarquables : *Arcachon*, sur le bassin de ce nom, bains de mer; *Margaux*, vins excellents connus sous le nom de Château-Margaux ; *Pauillac*, port très-fréquenté. Les grands crus du *Haut-Médoc* se trouvent dans les environs de Pauillac; *Saint-Estèphe*, *Saint-Emilion*, vins renommés; *Coutras*, victoire de Henri IV sur les Ligueurs.

La Gironde compte 705,000 hab.

C'est la patrie du pape Clément V, de Montesquieu, de Berquin et des infortunés députés girondins Guadet, Gensonné, Boyer, Fonfrède et Ducos.

Dordogne. — Ce département tire son nom de la rivière qui l'arrose; il a été formé du Périgord. Chef-lieu Périgueux, 22,000 hab. Evêché; commerce de truffes, de liqueurs et de bestiaux. Sous-préf. *Bergerac*, 11,500 hab., commerce de vins. *Nontron*, 3,000 hab. Mines de fer. *Ribérac*, 3,500 hab. Lainages, bestiaux, toiles. *Sarlat*, 6,000 hab. Mines de fer, houille, lignite, commerce d'huile de noix, de truffes, de bestiaux.

Ce département a une population de 480,000 hab.

Il a vu naître Montaigne, La Béotie, Brantôme, l'illustre Fénelon, le poëte précoce Lagrange-Chancel, le philosophe Maine de Biran, le général Daumesnil, dit jambe de bois, et le maréchal Bugeaud.

Lot-et-Garonne. — Tire son nom des deux rivières qui l'arrosent. Chef-lieu Agen; évêché, cour d'appel, 19,000 hab., toiles à voiles, prunes renommées. Sous-préf. *Marmande*, 8,500 hab. Distillation d'eaux-de-vie. *Nérac*, 8,000 hab.; commerce de liége et de bouchons. *Villeneuve-d'Agen*, 13,500 hab. Exploitation de marbres, commerce de prunes.

Autres villes et lieux remarquables : *Aiguillon*, *Duras*, anciens chefs-lieux de duchés-pairies; *Tonneins*, commerce de cordages, de prunes.

Ce département compte 319,000 hab.

Il a vu naître Xaintrailles, le savant Jules Scaliger et le célèbre naturaliste Lacépède.

Lot. — Ce département tire son nom de la rivière du Lot. Chef-lieu Cahors, 14,500 hab., évêché, commerce d'huile de noix et de truffes. Sous-préf. *Figeac*, 7,000 hab., sur le Cellé, commerce de bestiaux. *Gourdon*, 5,500 hab., sur la Bleue, fabrication de lainages.

Ce département compte 281,800 hab.

C'est la patrie de Clément Marot, du savant Champollion, de Murat, de Bessières et du général Cavaignac.

Aveyron. — Tire son nom de la rivière qui le traverse. Chef-lieu RODEZ, 12,000 hab., évêché, filatures de laines, fabrication de gros draps. Sous-préf. *Espalion*, 3,500 hab., commerce de bois, fabrication de flanelles. *Milhau*, 15,000 hab., fabrication de gants de peau. *Saint-Affrique*, 7,000 hab., commerce de fromages dits de *Roquefort*. *Villefranche-sur-Aveyron*, 9,000 hab., fabriques de chaudronnerie.

L'Aveyron compte 400,000 hab.

Il a vu naître le maréchal de Belle-Isle, l'abbé Raynal, le philosophe Laromiguière, le médecin Allibert et Mgr. Affre, archevêque de Paris, mort sur une barricade en juin 1848.

Tarn-et-Garonne. — Ce département a été formé en 1808 avec des cantons distraits des départements voisins. Il prend son nom des deux rivières qui l'arrosent. Chef-lieu MONTAUBAN, 25,500 hab., évêché, entrepôt et commerce de grains, ancienne place d'armes des protestants. Richelieu en fit détruire les fortifications. Sous-préf. *Castelsarrazin*, 6,500 hab.; fabrication de lainages. *Moissac*, 9,000 hab., nombreuses minoteries, grand commerce de grains et de farines; célèbre moulin de vingt tournants.

Ce département compte 221,000 hab.

Il a vu naître le poëte Lefranc de Pompignan, le médecin aliéniste Pinel et l'illustre peintre Ingres.

Landes. — Ce département tire son nom des landes qui le couvrent en partie. Chef-lieu MONT-DE-MARSAN, 8,500 hab.; a des fabriques de toiles à voiles et fait le commerce de matières résineuses fabriquées dans les environs. Sous-préf. *Dax*, 9,000 hab., eaux thermales. *Saint-Sever*, 4,700 hab., jolie ville sur l'Adour, marché de bestiaux.

Autres villes et lieux remarquables : *Sabres*, domaine national de 7,000 hectares de landes, dont la culture et la transformation doivent servir de modèle aux cultivateurs du pays ;

Pouy, lieu de naissance de saint Vincent-de-Paul; *Aire*, siége d'un évêché.

Le département des Landes compte 300,000 hab.

Il a vu naître le vénérable saint Vincent-de-Paul, le savant Borda, le conventionnel Roger-Ducos et le général Lamarque.

Gers. — Tire son nom de la rivière qui l'arrose. Chef-lieu Auch, 13,000 hab., archevêché; chapellerie, vins, eaux-de-vie. Sous-préf. *Condom*, 8,000 hab., commerce d'eaux-de-vie d'Armagnac. *Lectoure*, 5,500 hab., grosses draperies. Ancienne résidence des comtes d'Armagnac. *Lombez*, 1,700 hab., sur la Save, dans une plaine fertile. *Mirande*, 3,500 hab., coutellerie, commerce de grains.

Le Gers compte 285,000 hab.

Il a vu naître Xaintrailles, les hommes de guerre d'Armagnac, Montluc, Caster, Lannes, l'amiral Villaret-Joyeuse et le duc de Roquelaure.

Hautes-Pyrénées. — Tire son nom de sa position sur la partie la plus haute des monts Pyrénées. Chef-lieu Tarbes, 16,500 hab.; commerce de chevaux et de bestiaux. Sous-préf. *Argelès*, 1,700 hab., dans une belle et fertile vallée. *Bagnères-de-Bigorre*, 9,500 hab., sur l'Adour, eaux minérales renommées.

Autres villes et lieux remarquables : *Baréges*, *Cauterets*, *Saint-Sauveur*, eaux minérales fréquentées; *Lourdes*, château fort sur un roc qui commande la ville.

Ce département compte 235,000 hab.

C'est la patrie du diplomate Michel de Castelnau, du conventionnel Barrère et du chirurgien Larrey.

Chapitre XVIII. — **Provinces de l'Ouest.** (6 provinces, 13 départements).

L'Angoumois a été réuni à la France en 1515, par l'avénement de François Ier. Le sol de cette province est assez fertile. La vigne y est cultivée avec succès. On y trouve des mines de fer et de zinc. L'Angoumois a formé le département de la *Charente*, du nom de la rivière qui l'arrose. Chef-lieu Angoulême, 26,000 hab., évêché, ville bâtie en amphithéâtre sur le flanc d'une petite montagne, au pied de laquelle coule la Charente. Grandes papeteries, poudrerie nationale, commerce d'eaux-de-vie. Sous-préf. *Barbézieux*, 4,000 hab., grosses toiles, commerce de grains, de bestiaux et de volailles. *Cognac*, 13,500 hab., centre de commerce des eaux-de-vie distillées dans les environs. *Confolens*, 2,500 hab., au confluent de la Vienne et du Goire, commerce de bétail. *Ruffec*, 3,200 hab., commerce de truffes, de pâtés de perdreaux et de foies gras truffés.

La Charente compte 367,500 hab.

Ce département a vu naître François Ier, Marguerite de Valois, le poète Saint-Gelais, le moraliste Larochefoucauld, Balzac, Poltrot, Ravaillac.

L'Aunis et la Saintonge. — L'Aunis avait pour chef-lieu *La Rochelle; Saintes* était la capitale de la Saintonge. Ces deux provinces que le traité de Bretigny en 1360 avait cédées aux Anglais furent reconquises sur eux par Charles V, en 1371. Sol bas sur le bord de la mer et entrecoupé de marais salants. Vins estimés et en partie distillés pour la fabrication des eaux-de-vie. Ce pays a formé le département de la *Charente-Inférieure*, nom qui vient de sa position sur le cours inférieur de la Charente, chef-lieu La Rochelle, 19,500 hab., sur l'Océan, siége d'un évêché. Ancienne place d'armes des protestants prise par Richelieu en 1628. Commerce d'eaux-de-vie. Sous-préf. *Jonzac*, 3,200 hab.; commerce d'eaux-de-vie, de grains et de volailles. *Marennes*, 4,500 hab.; ville maritime, commerce de sel, d'eaux-de-vie et d'huîtres vertes. *Rochefort*, 28,000 hab.; port militaire sur la Charente. Chantier de construction pour la marine de guerre, arsenal, fonderies de fer et de cuivre. Cette ville doit son importance à Colbert. La rade de l'île d'Aix sert de rade au port de Rochefort. *Saintes*, 12,000 hab.; commerce d'eaux-de-vie; belles ruines de monuments romains. *Saint-Jean-d'Angely*, 7,000 hab.; commerce d'eaux-de-vie, de graines et de farines.

Autres villes et lieux remarquables : *Morans*, *Royan* ; *L'île de Ré*, chef-lieu *Saint-Martin-de-Ré*, forte citadelle ; *L'île d'Oléron*, chef-lieu *Saint-Pierre-d'Oléron*, au centre de l'île, commerce de sel, de vins et d'eaux-de-vie.

Ce département compte 367,500 hab.

C'est la patrie de Bernard Palissy, de l'abbé Tallemant des Réaux, de Réaumur, du médecin Guillotin, du conventionnel Billaud-Varennes, du député aux états généraux, Michel Reynaud (dit de Saint-Jean d'Angely).

Poitou. — Cette province que le fatal traité de Bretigny (1360) avait cédée aux Anglais, fut reconquise sur eux par Charles V et définitivement réunie à la France en 1369. Le Poitou présente un sol varié, produit du vin, du blé, des fruits. On y élève beaucoup de volailles, de chevaux et de mulets. Le Poitou a formé trois départements : *Vienne*, *Deux-Sèvres*, *Vendée*.

Vienne. — Tire son nom de la Vienne, qui le traverse. Chef-lieu Poitiers, 30,000 hab. ; sur le Clain, évêché, commerce de produits agricoles et de cuirs. Sous-préf. *Châtellerault*, 15,500 hab. ; coutellerie et fabriques d'armes renommées ; prunes et asperges. *Civray*, 2,200 hab., sur la Charente. Commerce de chevaux, de grains et de truffes. *Loudun*, 4,500 hab. ; vins blancs, commerce de moutons et de produits agricoles. *Montmorillon*, 5,000 hab.

Autres villes et lieux remarquables : *Lusignan*, petite ville commerçante sur la Vonne ; *Moncontour*, où Coligny fut battu par le duc d'Anjou ; *L'Hommaizé*, forges importantes qui donnent d'excellent fer ; *La Trémouille*, sur la Benoise, anciennement siége d'une seigneurie.

La Vienne compte 320,500 hab.

Ce département a vu naître le docteur de l'Église saint Hilaire, les érudits Sainte-Marthe et le médecin Théophraste Renaudot qui fonda, en 1631, la première gazette qui parut en France.

Deux-Sèvres. — Tire son nom des deux rivières qui l'arrosent. Chef-lieu Niort, 21,000 hab., chamoiseries renommées, fabrication de gants, commerce de crins, d'angéliques. Sous-préf. *Bressuire*,

3,300 hab., a des fabriques de lainages; en 1793, a été le théâtre de plusieurs combats entre les Vendéens et les républicains. *Melle*, 2,500 hab., commerce de mules, de mulets élevés dans l'arrondissement. *Parthenay*, 4,500 hab., sur le Thoué, ancienne capitale de la Gatine, grands marchés de bœufs.

Autres villes et lieux remarquables : *Saint-Muxent*, sur la Sèvre niortaise. Commerce de chevaux et de mulets; *Châtillon-sur-Sèvre*, a été le quartier général des Vendéens pendant leur révolte contre la république; *Chizey*, ancienne place forte.

Le département des Deux-Sèvres compte 331,000 hab.

Il a vu naître le savant pasteur protestant de Beausobre, le maréchal de la Meilleraie, madame de Maintenon, le voyageur René Caillé et le poëte Fontanes.

Vendée. — Tire son nom de la rivière qui la traverse. Chef-lieu LA ROCHE-SUR-YON, ville bâtie en 1805 sur l'emplacement du château fort de La Roche-sur-Yon détruit sous Louis XIII. Cette ville s'est appelée *Bourbon-Vendée* sous la restauration et sous Louis-Philippe, et *Napoléon-Vendée* sous l'empire. Foires importantes; commerce de chiens de chasse dressés par les paysans vendéens. Sous-préf. *Fontenay-le-Comte*, 7,500 hab.; fabrication de draps, commerce de bestiaux. *Les Sables-d'Olonne*, 8,000 hab., ville maritime, commerce de grains, de sel et de conserves de sardines.

Autres villes et lieux remarquables : *Tiffauges*, situation très-pittoresque; *Luçon*, sur le canal de Luçon, siége d'un évêché occupé par Richelieu; *Noirmoutiers*, dans l'île de ce nom.

La Vendée compte 400,500 hab.

C'est le pays qui a vu naître le poëte Rapin, l'amiral Gauthier, le médecin Colot, et La Revellière-Lepaux.

ANJOU. — Cette province a été réunie à la France en 1480 par Louis XI à la mort de René, dernier duc d'Anjou. On en tire des ardoises, de la houille, du fer. L'Anjou exporte des vins, des vinaigres, des farines, du bois, du chanvre, du lin et des bestiaux. Le sol de cette province est fertile. Elle a formé le département de *Maine-et-Loire*, nom de deux rivières qui l'arrosent. Chef-lieu ANGERS, 58,500 hab., sur la Maine, évêché, école des arts et métiers, centre d'une grande fabrication de toiles à voiles et de cordages; belles pépinières d'arbres à fruits et d'agrément, et grandes ardoisières qui occupent plus de 3,000 ouvriers. Sous-préf. *Beaugé*, 3,500 hab., commerce de bois et de bestiaux. *Cholet*, 13,500 hab., grande fabrication de mouchoirs. Marceau et Kléber y battirent les Vendéens le 17 octobre 1793. *Saumur*, 12,500 hab., commerce de grains et de fruits; école de cavalerie. *Segré*, 3,000 hab., commerce de grains, de chanvre et de bestiaux.

Le département de Maine-et-Loire a 518,500 hab.

C'est la patrie des littérateurs Jean Bodin, Gilles Ménage, de madame Dacier, de l'astronome Picard, de l'amiral Dupetit-Thouars et de l'illustre sculpteur David (d'Angers).

CHAPITRE XIX. — **Provinces de l'Ouest** (suite).

BRETAGNE. — C'est par le mariage de Claude de France, fille de Louis XII et d'Anne de Bretagne, avec François Ier, qu'eut lieu la réunion de cette province à la France. La Bretagne est sillonnée de montagnes peu hautes et a de nombreuses rivières côtières. Beaucoup de baies, de ports excellents. Le climat est humide. Le sol produit des céréales en quantité, mais il n'y a pas de vin. La boisson du pays est le cidre. On y trouve des mines de plomb, de houille, de fer et même d'argent. Les Bretons sont patients et laborieux. Cette province a formé cinq départements : *Ille-et-Vilaine*, *Côtes-du-Nord*, *Finistère*, *Morbihan*, *Loire-Inférieure*.

Ille-et-Vilaine. — Tire son nom des deux rivières qui le traversent. Chef-lieu RENNES, 52,000 hab., au confluent des deux rivières qui donnent leur nom au département; grande et belle ville, siége d'un archevêché, d'une cour d'appel et d'une académie. Grande fabrication de toiles à voiles et de fils. Commerce de beurre, de cuirs, de miel et de volailles. Sous-préf. *Fougères*, 11,000 hab., fabriques de toiles, commerce de bestiaux. *Montfort*, 2,300 hab., commerce de bestiaux, de grains et de beurre. *Redon*, 6,000 hab., petit port sur la Vilaine et au confluent de l'Oust; exportation de châtaignes, d'ardoises; chantiers de construction de navires. *Saint-Malo*, 12,000 hab., à l'embouchure de la Rance, port de commerce, armement pour la pêche de la morue, chantiers de construction. *Vitré*, 8,500 hab., commerce de toile et de bonneterie.

Autres villes et lieux remarquables : *Saint-Aubin-du-Cormier*, où La Trémouille battit les ducs de Bretagne et d'Orléans en 1488; *Saint-Servan*, port sur la Rance, au sud et à côté de Saint-Malo; *Cancale*, port célèbre par ses pêcheries d'huîtres; le port de Cancale est à *la Houle*; *Dol*, au milieu de marais desséchés en partie, ancien évêché.

Ce département compte 589,500 hab.

Il a vu naître Duguay-Trouin, Jacques Cartier, la Bourdonnais, l'astronome Maupertuis, le jurisconsulte Touillier, le critique Geoffroy, le conventionnel Lanjuinais et deux écrivains de génie, Châteaubriand et Lamennais.

Côtes-du-Nord.— Tire son nom de sa position sur les côtes de la Manche. Chef-lieu SAINT-BRIEUC, 15,000 hab., évêché, près de l'embouchure du Gouet; commerce de grains, de lin, de chanvre et de bestiaux. Le port de Saint-Brieuc est à 1 kilom. de la ville. Il s'appelle *le Légué*. Sous-préf. *Dinan*, 7,500 hab., sur la Rance, commerce de produits agricoles et de cuirs. *Guingamp*, 7,000 hab., sur le Trieux, toiles et bestiaux. *Lannion*, 6,200 hab., eaux minérales, commerce de grains et de bestiaux. *Loudéac*, 6,000 hab., forges, toiles, papeteries.

Les Côtes-du-Nord comptent 622,000 hab.

Ce département a vu naître Beaumanoir, Duguesclin et le moraliste Duclos.

Finistère.— Tire son nom de sa position avancée

dans l'Océan. Chef-lieu QUIMPER, 13,000 hab., évêché, fabrication de poteries de faïence, pêche de la sardine. Sous-préf. *Brest*, 66,000 hab., port militaire, grande place forte, principal arsenal de notre marine; belle rade qui a 22 kilom. de long sur 11 de large. C'est un des plus beaux ports du monde. *Châteaulin*, 3,500 hab., pêcherie de saumons, commerce d'ardoises. *Morlaix*, 14,500 hab., port à l'embouchure du Jarlot. *Quimperlé*, 6,000 hab., commerce de grains, de bois et de bestiaux.

Autres villes et lieux remarquables : *Saint-Pol-de-Léon*, ancien évêché; *Roscoff*, dans un climat délicieux qui permet la culture des primeurs qu'on expédie à Londres et à Paris.

Le département du Finistère compte 643,000 hab.

Il a vu naître Tanneguy du Châtel, de la Tour d'Auvergne, Fréron et le général Moreau.

Morbihan. — Tire son nom du golfe du Morbihan. Chef-lieu VANNES, 14,500 hab., sur le golfe, évêché, chantiers de construction de navires; commerce de produits agricoles. Sous-préf. *Lorient*, 35,000 hab., l'un des cinq grands ports militaires de France, à l'embouchure du Blavet. Grande place forte. Le port et les rades de Lorient ont une longueur de 10 kilomètres. Arsenal, chantiers, forges, fonderies, école d'artillerie. Lorient a été fondée en 1728 par la Compagnie des Indes sous le nom de port de l'Orient, parce qu'il était affecté au commerce avec l'Orient. *Pontivy*, 8,000 hab., eaux minérales ferrugineuses, commerce de cuirs et de toiles. *Ploermel*, 5,500 hab., commerce de bestiaux et de laines.

Autres villes et lieux remarquables : *Carnac*, *Locmariaker*, monuments celtiques; *Quiberon*, à l'extrémité d'une presqu'île dans laquelle le général Hoche défit les émigrés, le 20 juillet 1795.

Le Morbihan compte 490,000 hab.

Patrie de Le Sage, de Georges Cadoudal, chef de chouans et de l'héroïque marin Bisson.

Loire-Inférieure. — Tire son nom de sa position par rapport au cours de la Loire. Chef-lieu NANTES, 118,500 hab., évêché, sur la Loire, construction de navires en bois, en fer, de machines à vapeur; fonderies de fer et de cuivre; port de commerce très-important. Sous-préf. *Ancenis*, 4,500 hab., tanneries, chaux pour l'agriculture. *Châteaubriant*, 5,000 hab., moulins à farine, ancienne place forte. *Paimbœuf*, 3,000 hab., port sur la rive gauche de la Loire. *Saint-Nazaire*, 17,000 hab., ville maritime, son importance est toute récente. Elle est dû à l'établissement d'un grand bassin à flot ouvert en 1857. Ce bassin de 200,000 mètres carrés et profond de 7 à 8 mètres, peut recevoir les plus grands navires.

Autres villes et lieux remarquables : *Savenay*, ancienne sous-préfecture. Les débris de l'armée vendéenne y furent détruits par Marceau le 23 décembre 1793.

La Loire-Inférieure compte 602,000 hab.

Patrie du connétable de Clisson, du sculpteur Colomb, des généraux Cambronne, Mellinet et Bedeau et de l'ancien oratorien Fouché qui devint duc d'Otrante.

MAINE. — Cette province fut définitivement réunie à la couronne de France en 1584, à la mort du duc d'Alençon, fils de Henri II, qui l'avait eue en apanage et qui est mort sans enfants. Sol ondulé, généralement fertile; volailles estimées. Le Maine a formé deux départements : *Sarthe*, *Mayenne*.

Sarthe. — Tire son nom de la rivière qui l'arrose. Chef-lieu LE MANS, 47,000 hab., évêché; blanchisseries de toiles, commerce de bestiaux et de volailles. Sous-préf. *La Flèche*, 9,000 hab., commerce de poulardes et de chapons dits du Mans. Prytanée ou école militaire. *Mamers*, 5,000 hab.; commerce de toiles. *Saint-Calais*, 3,500 hab., blés, grains; a des fabriques de serge.

Le département de la Sarthe compte 446,500 hab.

C'est la patrie du maréchal de Brissac, de l'abbé Urbain Grandier, du géomètre Sauveur, de l'oratorien Bernard Lamy, du comte de Tressan, du sculpteur Pilon et de Ledru-Rollin.

Mayenne. — Tire son nom de la rivière qui le traverse. Chef-lieu LAVAL, 26,000 hab., évêché, dans une situation pittoresque sur les deux rives de la Mayenne; a des fabriques de coutils; commerce de marbre et de grains. Sous-préf. *Château-Gonthier*, 7,000 hab., église curieuse du xe siècle, commerce de blé, de bois, de toiles. *Mayenne*, 10,000 hab., mines d'anthracite et de fer, forges importantes aux environs; a des fabriques de coutils, de toiles.

La Mayenne compte 351,000 hab.

C'est la patrie d'Ambroise Paré, de l'historiographe Garnier et du cardinal de Cheverus.

Chapitre XX. — **Provinces et départements du Milieu** (8 provinces, 14 départements).

Orléanais. — Cette province faisait partie des domaines d'Hugues Capet en 987. Elle jouit d'un climat tempéré. Le sol en est très-varié, puisqu'il comprend l'inculte et maigre Sologne et la riche et fertile Beauce. Elle produit du blé, des vins, du bois. L'Orléanais a formé trois départements : *Loiret*, *Eure-et-Loir*, *Loir-et-Cher*.

Loiret. — La petite rivière qui arrose ce département lui a donné son nom. Chef-lieu Orléans, 49,000 hab., sur la Loire; évêché, cour d'appel; commerce de vins, d'eaux-de-vie, de vinaigre; a des fabriques de couvertures de laine et des raffineries de sucre. Sous-préf. *Gien*, 7,000 hab., sur la Loire; on y fabrique de la faïence. *Montargis*, 8,000 hab., commerce de cuirs, de bestiaux, de laine, de safran. Cette ville est située à la jonction des canaux du Loing, d'Orléans, de Briare. *Pithiviers*, 4,500 hab., commerce de laine, de cuirs; est renommé pour ses pâtés d'alouettes.

Autres villes et lieux remarquables : *Beaugency*, vins, vinaigres, eaux-de-vie; *Coulmiers*, victoire des Français sur les Prussiens en 1870; *Cléry*, église du xve siècle qui renferme le tombeau de Louis XI; *Sully*, château des ducs de Sully; *Patay*, où Jeanne d'Arc vainquit les Anglais.

Le Loiret compte 353,000 hab.

C'est la patrie de l'amiral Coligny, du jurisconsulte Potier, du peintre Girodet, du géomètre Poisson, de Malesherbes et du grand orateur Mirabeau dont la famille était originaire du village de Mirabeau (Vaucluse).

Eure-et-Loir. — Tire son nom des deux rivières qui l'arrosent. Chef-lieu CHARTRES, 14,500 hab., sur la colline au pied de laquelle coule l'Eure; grands marchés de grains, fabriques de bonneterie; belle cathédrale. Sous-préf. *Châteaudun*, 6,500 hab., a opposé aux Prussiens en 1870 une résistance héroïque. *Dreux*, 7,500 hab., marchés de grains et de bestiaux. *Nogent-le-Rotrou*, 7,000 hab., commerce de produits agricoles.

Autres villes et lieux remarquables : *Brétigny*, traité avec l'Angleterre en 1360; *Maintenon*, au confluent de l'Eure et de la Voite; château et ruines d'un aqueduc construit sous le règne de Louis XIV, pour amener les eaux de l'Eure à Versailles.

Ce département compte 282,500 hab.

Il a vu naître les poëtes et littérateurs : Félibien, Belleau, Desportes, Colin d'Harleville, le théologien Pierre Nicole, les conventionnels Petion, Brissot et l'illustre général républicain Marceau.

Loir-et-Cher. — Tire son nom du Loir et du Cher qui l'arrosent. Chef-lieu BLOIS, 20,000 hab., sur la Loire; évêché; beau château; commerce de vins, d'eaux-de-vie, de vinaigre. Sous-préf. *Romorantin*, 7,500 hab., ancienne capitale de la Sologne; fabrication de draps. *Vendôme*, 7,000 hab., sur le Loir; on y fabrique des gants.

Autres villes et lieux remarquables : *Chambord*, célèbre château du XVIe siècle bâti par François Ier; *La Charmoise*, ferme-école; *Saint-Aignan*, fabriques de draps; *Mondoubleau*, centre de la production et du commerce du beau cheval percheron.

Ce département compte 269,000 hab.

Patrie du poëte Ronsard, de Denis Papin et de l'historien Augustin Thierry.

Touraine. — Philippe-Auguste s'empara de cette province sur les Anglais en 1203. Elle a été plus tard plusieurs fois donné en apanage, mais après la mort de François, duc d'Alençon, frère de Henri III

(1584), elle a été de nouveau réunie à la couronne. La Touraine produit beaucoup de céréales, des vins, des fruits, des prunes renommées. Elle est arrosée par beaucoup de rivières, elle renferme de belles plaines, des vallées charmantes; on l'a surnommée le jardin de la France. La Touraine a formé le département d'*Indre-et-Loire*, nom de deux rivières qui l'arrosent. Chef-lieu Tours, 43,500 hab., archevêché, a des fabriques de soieries riches, de passementeries, de tapis, de faïences, de poteries; grand commerce de chanvre. Sous-préf. *Chinon*, 6,500 hab., commerce de vins dits de Vouvray et de pruneaux dits de Tours. *Loches*, 5,000 hab., a des fabriques de grosses draperies.

Autres villes et lieux remarquables : *Plessy-les-Tours*, ruines du château de Louis XI; *Amboise*, sur la Loire. Château. On y fabrique de l'acier, des limes, des draps, des couvertures de voyage et des tapis; *Châteaurenault*, tanneries importantes, briques et carreaux réfractaires; *Mettray*, colonie agricole de jeunes détenus.

L'Indre-et-Loire compte 317,000 hab.

C'est la patrie de Rabelais, du philosophe Descartes, de l'historien Cayet, du géographe André Duchesne, du poëte latin Rapin, du pamphlétaire Paul-Louis Courrier et du romancier Balzac.

Berry. — Le Berry fait partie de la France depuis 1100, à l'époque où Arpin, vicaire de Bourges, vendit son fief à Philippe Ier, roi de France, pour prendre part à la Croisade. Il ne fut détaché de la couronne que pour servir d'apanage à des membres de la famille royale. Il fut définitivement réuni à la France en 1601, après la mort de la reine Louise, femme de Henri III. Le Berry est fertile. Il produit du vin, des céréales, du lin, du chanvre ; les moutons du Berry sont renommés. Il renferme des mines de fer. Deux départements ont été formés du Berry : le *Cher*, l'*Indre*.

Cher. — Tire son nom de la rivière du Cher qui l'arrose. Chef-lieu Bourges, archevêché, cour d'appel,

31,000 hab., ville très-ancienne, belle cathédrale; a des fabriques de draps, de couvertures, de coutellerie. Sous-préf. *Saint-Amand*, 8,000 hab., commerce de bois, de fer et de châtaignes. *Sancerre*, 3,500 hab., commerce de grains, de laines et de bestiaux. Ancienne place d'armes des calvinistes.

Autres villes et lieux remarquables : *Vierzon*, renferme une population de 15,000 âmes; forges et fonderies importantes.

Le Cher compte 335,000 hab.

Il a vu naître Jacques Cœur et Bourdaloue.

Indre. — La rivière de l'Indre a donné son nom à ce département. Chef-lieu Chateauroux, 18,500 hab. Il y a des fabriques de draps et un parc de construction des équipages militaires. Sous-préf. *Issoudun*, 14,000 hab., a des fabriques de draps, de cotonnades. *La Châtre*, 5,000 hab., commerce de châtaignes, de laines et de cuirs. *Le Blanc*, 5,500 hab., filatures de laines, draperies. Dans les environs il y a des forges et des fonderies.

L'Indre compte 277,500 hab.

Patrie de Marivaux et du général Bertrand, le fidèle compagnon d'exil de Napoléon à Sainte-Hélène.

Nivernais. — Cette province fut acquise à la France par Philippe le Hardi. Le Morvan nivernais fut réuni par Louis XIII. Le climat du Nivernais est plus humide que chaud. Il produit des céréales, des fruits, beaucoup de bois; grandes industries métallurgiques. Le Nivernais a formé le département de la *Nièvre*, nom d'une rivière. Chef-lieu Nevers, 22,000 hab., évêché, au confluent de la Nièvre et de la Loire. A des fabriques de faïence décorative, de fer et d'acier. Sous-préf. *Château-Chinon*, 2,500 hab., commerce de bestiaux, de bois de chauffage et de toiles. *Clamecy*, 5,500 hab., bois flotté pour Paris, commerce de charbons et de bestiaux. *Cosne*, 6,000 hab., sur la Loire et au confluent du Nohain; forges et coutellerie, clous pour la marine.

Autres villes et lieux remarquables : *Fourchambault*, *Bizy*, grandes usines métallurgiques; *Guérigny*, fabrication de grosses pièces de forge, d'ancres, de chaînes pour la marine. *Pougues*, eaux minérales; *Pouilly*, renommé pour les vins blancs.

La Nièvre compte 340,000 hab.

Sont nés dans ce département : Bussy-Rabutin, Adam Billault, le poëte Menuisier et le littérateur Marchangy.

Chapitre XXI. — **Provinces du Milieu** (suite.)

Bourbonnais. — Cette province formait le domaine des sires de Bourbon. Elle fut confisquée en 1523 par François Ier sur le connétable de Bourbon, son parent, qui a commis le crime de prendre les armes contre la France, sa patrie. Le Bourbonnais est fertile en céréales; il produit du vin et a de belles prairies. Il renferme des manufactures, des forges et des eaux minérales renommées. Le Bourbonnais a formé le département de l'Allier, nom d'une rivière. Chef-lieu Moulins, 20,000 hab., évêché; on y fabrique de la coutellerie. Sous-préf. *Gannat*, 5,500 hab., commerce de blé et de vins. *La Palisse*, 2,800 hab., commerce de produits agricoles. *Montluçon*, 21,000 hab. sur le Cher; forges, hauts fourneaux, verreries, fabriques de produits chimiques.

Autres villes et lieux remarquables : *Bourbon-l'Archambaut*, *Vichy*, eaux minérales renommées; *Cusset*, sur l'Allier, siége du tribunal de l'arrondissement; *Commentry*, houilles et forges. On fabrique à *Cusset* et à *Vichy* des cotonnades de couleurs, dites toiles de Vichy. Mais le centre principal de cette fabrication est à Roanne dans la Loire.

L'Allier compte 391,000 hab.

Patrie du connétable de Bourbon et du maréchal de Villars.

Marche. — Cette province appartenait aussi au connétable de Bourbon et a suivi le sort du Bourbonnais. Elle a été confisquée en 1523 par François Ier. Le sol de la Marche est peu fertile. Il y a des pâturages sur lesquels on élève des chevaux. Elle a formé le département de la *Creuse*, nom d'une rivière. Chef-lieu Guéret, 5,700 hab.; commerce de bestiaux. Sous-préf. *Aubusson*, 6,500 hab.; grand centre de fabrication de tapis, d'étoffes pour ameublement, teintureries. *Bourganeuf*, 3,500 hab.; fabrication de chapeaux. *Boussac*, 1,000 hab.; commerce de chevaux.

Autres villes et lieux remarquables : *La Souterraine*, a des fabriques de gros draps; *Evaux*, eaux minérales; *Felletin*, sur la Creuse, a des fabriques de tapis.

La Creuse compte 274,600 hab.

L'historien Varillas, les poëtes Quinault et Rochon de Chabannes sont nés dans le département.

Limousin. — Cette province fait partie de la France depuis Charles V qui s'en empara sur les Anglais en 1369. Elle est montagneuse, l'air y est froid; il y a beaucoup de mines. Les pâturages y sont nombreux; ils servent à l'élevage d'une race de chevaux estimés. Beaucoup de Limousins sont maçons et émigrent chaque année pour aller chercher de l'ouvrage dans les grandes villes. Cette province a formé deux départements : *Haute-Vienne* et *Corrèze*.

Haute-Vienne. — Tire son nom de sa situation par rapport au cours de la Vienne. Chef-lieu Limoges, 55,000 hab., évêché; la ville est bâtie sur une colline au pied de laquelle coule la Vienne. Fabrication considérable de porcelaine et de gros draps. Sous-préf. *Bellac*, 3,400 hab., fabriques de toiles. *Rochechouart*, 4,000 hab., porcelaines, verreries. *Saint-Yrieix*, 7,000 hab., centre de l'exploitation du kaolin.

La Haute-Vienne compte 322,500 hab.

C'est la patrie du chancelier d'Aguesseau, du poëte Dorat, du girondin Vergniaud, du maréchal Jourdan, du chirurgien Dupuytren et du chimiste Gay-Lussac.

Corrèze. — Ce département tire son nom de la rivière principale qui l'arrose. Chef-lieu Tulle, 13,500 hab., évêché, fabrique nationale d'armes à feu. Sous-préf. *Brives*, 10,500 hab.; commerce de truffes, de marrons et d'ardoises. *Ussel*, 3,800 hab.; exploitation de fer, commerce de chanvre.

La Corrèze compte 302,500 hab.

C'est la patrie de l'historien Baluze, de Marmontel, du cardinal Dubois, du philosophe Cabanis, du jurisconsulte Treilhard, du maréchal Brune et du naturaliste Latreille.

Auvergne. — Cette province fait partie de la France depuis 1610. Marguerite de Valois, fille de Catherine de Médicis, céda l'Auvergne à Louis XIII, encore dauphin, qui la réunit à la couronne en montant sur le trône. Le sol de l'Auvergne offre partout des traces volcaniques. Les montagnes qui la couvrent sont presque toutes des volcans éteints. La partie de l'Auvergne qu'on appelle *Limagne* est d'une grande fertilité. Les *Averni*, d'où est venu le nom d'Auvergne, furent un des peuples les plus puissants de la Gaule. Elle a formé deux départements : *Puy-de-Dôme*, *Cantal*.

Puy-de-Dôme. — Tire son nom du mont ainsi nommé. Chef-lieu Clermont-Ferrand, 37,000 hab., évêché, académie. A de nombreuses fabriques de pâtes dites d'Auvergne. Sous-préf. *Ambert*, 7,500 hab., dentelles, lacets, commerce de fromages. *Issoire*, 5,500 hab., fabrication d'instruments aratoires et de chaudronnerie. *Riom*, 10,500 hab., chef-lieu d'une cour d'appel, commerce de blé, de chanvre et de toiles. *Thiers*, 16,500 hab., grande fabrication de coutellerie et de papier pour timbre.

Autres lieux remarquables : *Le Puy*, principal sommet de la chaîne du Puy-de-Dôme (1,465 mètres) ; *Volvic*, carrières de lave.

Le Puy-de-Dôme compte 566,500 hab.

C'est la patrie du héros Vercingétorix, du chancelier de L'Hospital, du célèbre Pascal, de Delille, de Desaix, du révolutionnaire Couthon et du cardinal Duprat.

Cantal. — Ce nom vient d'une montagne volcanique qui se trouve au centre du département. Chef-lieu Aurillac, 11,000 hab., centre de la fabrication de blondes, de dentelles ; commerce de chaudronnerie, de chevaux, de mulets et de fromages. Sous-préf. *Mauriac*, 3,000 hab., commerce de bestiaux, de mulets. *Murat*, 2,800 hab., commerce de blé et de fromages. *Saint-Flour*, 5,000 hab., évêché, fabrication de limousines.

Autre lieu remarquable : *Chaudesaigues*, eaux minérales chaudes et froides très-fréquentées.

Le Cantal compte 232,000 hab.

C'est la patrie du pape Sylvestre II, du géographe Piganiol de la Force, du sanguinaire Carrier et de l'abbé de Pradt.

CHAPITRE XXII. — Provinces qui ne faisaient pas partie de la France en 1789.

COMTAT-VENAISSIN. — Cette province a eu d'abord pour chef-lieu Venasque et ensuite Carpentras. Elle a appartenu aux Francs, aux comtes d'Arles et de Toulouse. La reine Jeanne de Naples, à qui appartenait la Provence, vendit le Comtat-Venaissin en 1348 au pape Clément VI. Les souverains pontifes en restèrent possesseurs, quoique le parlement de Provence, déclarant la vente nulle, eût réuni le comtat à la couronne de France, le 26 juillet 1663. Ce ne fut que le 14 septembre 1791 que ce pays fut réellement rendu à la mère-patrie. Cette province a le climat et les productions du Midi. Plaines fertiles, bien cultivées. Les productions principales sont : la soie, le vin, les fruits, la garance. Le comtat a formé le département de *Vaucluse*, nom d'une magnifique fontaine qui sort du pied d'un rocher et qui immédiatement forme un fleuve. Chef-lieu AVIGNON, 39,000 hab., sur le Rhône, archevêché; a été la résidence des papes de 1305 à 1377. On y file et on y mouline la soie; commerce de garance. Belle cathédrale, ancien palais des papes. Sous-préf. *Apt*, 6,000 hab., confiseries renommées, commerce de truffes et de fruits du Midi. *Carpentras*, 10,500 hab., commerce de soie, de garance; belle cathédrale. *Orange*, 16,000 hab., sur l'Aigues, ville ancienne, grandioses ruines romaines; commerce de soie.

Autres villes et lieux remarquables : *Cavaillon*, surnommé le jardin de la Provence, dans une plaine fertile ; beaucoup de fruits, melons renommés; *Vaucluse* (vallis clausa), *vallée fermée*, d'où sort la fontaine qui donne son nom au département et qui a été chantée par Pétrarque ; *Merindol*, où les Vaudois furent massacrés en 1545 ; *Pertuis*, sur la Durance ; *Sault*, près du mont Ventoux; *Vaison*, ancien évêché, commerce de soies; *Valréas*, enclavé dans la Drôme, commerce de soies, vins estimés; *Bollène*, grande fabrication de briques réfractaires, de tuyaux pour conduites d'eaux, de cheminées, etc.

Le Vaucluse compte 263,500 hab.

C'est la patrie du brave Crillon, du tacticien Folard, de Fléchier, des peintres Parrocel, Joseph Vernet, du cardinal Maury et du chimiste F.-V. Raspail.

Savoie. — A fait partie de l'empire de Charlemagne. Elle a formé jadis un comté, puis un duché, puis une des parties des Etats sardes. Elle fit partie de la France sous la première République et sous l'Empire, et formait le département du Mont-Blanc et une partie de celui du Léman. Enlevée à la France après les traités de 1815, elle lui fut rendue après la guerre d'Italie en 1860. La Savoie est un pays très-montagneux et qui se prête peu à la culture. Elle offre des sites très-pittoresques, elle a de beaux lacs et des eaux minérales fréquentées. On y trouve des mines de houille, de marbre; on y élève des vers à soie, des bestiaux. Le miel de la Savoie est renommé. Il y a peu d'industrie. Les habitants émigrent en partie et exercent les professions de commissionnaires, de colporteurs, de domestiques, de ramoneurs en France et en Italie. Leur probité est vantée. Très-attachés à leur pays, ils y retournent dès qu'ils ont amassé un petit pécule. La Savoie forme actuellement deux départements : *Savoie* et *Haute Savoie*.

Savoie. — Chef-lieu Chambery, 20,000 hab., sur la Luine et l'Albane ; archevêché, cour d'appel, siége d'une académie. On y fabrique de belles gazes de soie pour robes. Sous-préf. *Albertville*, 4,500 hab., formée des deux villes L'Hôpital et Conflans, réunies en 1835, et auxquelles on a donné le nom du prince Albert. *Moutiers*, 2,000 hab., évêché, sur l'Isère, salines importantes. *Saint-Jean-de-Maurienne*, 3,000 hab., évêché, mines de plomb, hauts fourneaux pour la fonte d'aciers très-estimés.

Autres villes et lieux remarquables : *Aix-les-Bains*, près du lac du Bourget, eaux thermales célèbres et très-fréquentées; *Haute-Combe*, où se trouvent les tombeaux des princes de Savoie; *Lanslebourg*, où commence la route du mont Cenis qui finit à Suze en Italie; *Modane*, entrée du tunnel du mont Cenis, percée souterraine d'une longueur de 12,230 mètres et qui finit à Bardonèche dans la vallée de la Doria en Italie.

Ce département a une population de 268,000 hab.

C'est la patrie du pape Innocent VI, de l'historien Saint-Réal, du grammairien Vaugelas et des frères de Maistres.

Haute-Savoie. — Chef-lieu ANNECY, 11,500 hab., sur le lac de ce nom, évêché, filatures de coton. Sous-préf. *Bonneville*, 2,000 hab., sur l'Arve, fabrication d'horlogerie. *Thonon*, 5,000 hab., sur le lac de Genève, commerce de vins récoltés sur le territoire et de fromages de Gruyère. *Saint-Julien*, 1,200 hab., bois et bestiaux.

Autres villes et lieux remarquables : *Chamounix*, dans une vallée célèbre par sa beauté grandiose, arrosée par l'Arve qui descend du mont Blanc; commerce de miel.

Ce département a une population de 273,000 hab.

Il a vu naître saint François de Sales, le cardinal Gerdil, le pape Clément VII, saint Bernard, fondateur de l'hospice célèbre qui porte son nom, et le chimiste Berthollet.

COMTÉ DE NICE. — Ce comté faisait partie des Etats sardes. Il fut réuni à la France en 1792 et a formé le département des Alpes-Maritimes. Il fut rendu à l'Italie après 1814, et de nouveau réuni à la France, après la guerre de 1859. Climat délicieux, air pur et salubre qui en fait rechercher le séjour aux malades, sol presque toujours couvert de verdure, oliviers, orangers, citronniers, lauriers, grenadiers, etc. On a rendu au comté de Nice le nom de son ancien département, *Alpes-Maritimes*; l'arrondissement de Grasse, enlevé au Var, a été ajouté au nouveau département. Chef-lieu NICE, 52,000 hab., évêché. Les rigueurs de l'hiver y sont inconnues. Le principal commerce de Nice consiste en parfumeries, huiles d'olives, en fleurs et bouquets qu'on expédie dans toute l'Europe. Sous-préf. *Grasse*, 12,500 hab., centre d'une grande fabrication d'essences de toutes sortes qui servent à la parfumerie. *Le Puget-Theniers*, 1,200 hab., sur le Var, source d'eau minérale.

Autres villes et lieux remarquables : *Menton*, fabriques d'essences et de parfums; *Villefranche*, bon port et belle rade.

La principauté de *Monaco* qui ne se compose que de *Monaco*, petite ville de 1,000 ou 1,200 habitants, est enclavée dans le département des Alpes-Maritimes.

Chapitre XXIII. — **Colonies françaises.**

La France possède des colonies en Afrique, en Amérique, en Asie, en Océanie.

Les possessions françaises d'Afrique se composent de l'*Algérie*, conquise en 1830, du *Sénégal*, de l'île de la *Réunion*, des îles *Sainte-Marie*, de *Mayotte* et *Nossi-Bé* et le port d'*Obok*.

L'Algérie est aujourd'hui assimilée en grande partie à la France sous le rapport administratif. Elle est divisée en trois départements : *Alger*, *Constantine*, *Oran*. Ceux-ci sont divisés en arrondissements. Sous le rapport judiciaire, elle forme le ressort d'une cour d'appel dont le siége est à Alger. Les tribunaux civils de l'Algérie relèvent de cette cour. Alger est aussi le siége d'un archevêché et d'une académie. La longueur de l'Algérie, de l'est à l'ouest, est de 720 kilom., 200 kilom. de moins à peu près que la longueur de la France. Le climat est sain sur le versant septentrional de l'Atlas, insalubre dans les plaines basses. L'agriculture est en progrès. Le sol est riche en céréales de toutes espèces, en fruits délicieux. Beaux chevaux, chèvres, moutons. Les montagnes sont couvertes de bois d'oliviers, de chênes-liége, de palmiers. On y trouve de riches mines de fer, de plomb et de cuivre.

Les villes principales sont :

Département d'*Alger*, chef-lieu *Alger*, 52,000 hab. bâtie en amphithéâtre sur le penchant d'une colline au bord de la Méditerranée. *Blidah*, dans une plaine fertile. *Medéah*. *Milianah*, dans la vallée du Chélif.

Département d'*Oran*, chef-lieu *Oran*, 24,000 hab., évêché, sur la Méditerranée. *Tlemcen*, *Mostaganem*, *Mascara*.

Département de *Constantine*, chef-lieu *Constantine*, 34,000 hab., évêché, sur un rocher. *Bône*, port sur la Méditerranée. *Philippeville*, sur la rade de Stora. *Sétif*, dans l'intérieur des terres. *Guelma*, sur la Seybouse.

Sénégal. — Les possessions françaises du Sénégal forment les arrondissements de Saint-Louis, de Bakel et de Gorée. La France tire du Sénégal, qui doit son nom au fleuve qui l'arrose, de la gomme et des graines oléagineuses.

L'île de la *Réunion* a une population de 182,000 hab. La capitale est *Saint-Denis*, évêché; cette île nous fournit du sucre, du café, de la vanille, les épices, du coton, etc. *Sainte-Marie*, petite île qui renferme 5,000 hab. environ. *Mayotte*, une des Comores. *Nossi-bé*, 10,000 hab., commerce d'huile de coco, de café, de bois d'ébène.

Le port d'*Obok* a été acquis par la France sur la côte est d'Afrique à l'entrée de la mer Rouge pour servir de point de relâche à nos vaisseaux qui traversent l'isthme de Suez.

Les possessions françaises en Amérique sont : la *Guyane* française, les *Antilles* françaises, les îles *Saint-Pierre* et *Miquelon*.

La Guyane française a pour chef-lieu *Cayenne*, lieu de transportation pour les condamnés aux travaux forcés. Immenses forêts vierges. Climat insalubre. La population de la Guyane est de 20,000 hab. Les Antilles françaises sont : 1° La Martinique, chef-lieu *Fort-de-France* ; *Saint-Pierre*, port de commerce. 135,000 hab. Productions : sucre, café, cacao, etc. 2° La Guadeloupe, chef-lieu *Basse-Terre*, évêché, cour d'appel, 10,000 hab. *La Pointe-à-Pitre*, excellente rade. La population de la Guadeloupe avec ses dépendances *Marie-Galante*, *la Désirade*, *les Saintes* et les deux tiers de l'île *Saint-Martin*, est d'environ 150,000 hab. Les îlots de Saint-Pierre et de Miquelon servent de relâche à nos pêcheurs qui viennent dans la saison d'été pêcher la morue sur les bancs de Terre-Neuve. C'est ce qui nous reste de nos anciennes possessions du Canada.

Les possessions françaises en Asie sont situées dans l'Inde et dans l'Indo-Chine.

Dans l'Inde, elles se composent de 5 villes qui renferment une population totale de 262,000 hab. Ce sont *Pondichéry*, 130,000 hab.; *Karikal*, 92,000 hab.; *Chandernagor*, 22,000 hab.; *Yanaon*, 5,000 hab.; *Mahé*, 8,000 hab.

Dans l'Indo-Chine, nous possédons la Basse-Cochinchine qui renferme une population de 1,200,000 hab. On y remarque *Saïgon*, *Bienhoa*, *Mytho*, chefs-lieux de provinces fertiles et importantes. La France a encore dans l'Indo-Chine le protectorat du royaume de Cambodge au nord de notre colonie.

Les possessions françaises en Océanie comprennent l'archipel des *Marquises*, la *Nouvelle-Calédonie*, l'archipel *Taïti* ou de la Société, les îles *Gambier*, *Toubouaï* et *Tuamotou* dans l'hémisphère austral.

La Nouvelle-Calédonie compte 60,000 hab. Chef-lieu *Nouméa*, colonie pénitencière, lieu de déportation. L'archipel des Marquises comprend *Nouka-Hiva*, et onze îles ou îlots dont plusieurs sont inhabités. L'archipel Taïti se compose de plusieurs îles dont les principales sont Moréa, Taïti. Celle-ci a pour chef-lieu *Papeete*, 2,000 hab. Le commerce des îles Gambier et autres se concentre à cette dernière ville, Papeete, et consiste pour l'exportation en huile de coco, en oranges, citrons, vanille et nacre.

Observations : Faire lire sur le globe la place de nos colonies et indiquer le chemin parcouru par un vaisseau qui part de Marseille pour aller à la Guadeloupe, à l'île de la Réunion (voies de Suez et de Bonne-Espérance). Indiquer le trajet du Havre à *Nouméa*, à *Cayenne*, à *Papeete*, par les deux voies. Voir la situation de ces colonies par rapport à la France.

TABLE DES MATIÈRES

IMPRIMERIE CENTRALE DES CHEMINS DE FER. — A. CHAIX ET Cie,
RUE BERGÈRE, 20, A PARIS. — 15096-6

www.ingramcontent.com/pod-product-compliance
Ingram Content Group UK Ltd.
Pitfield, Milton Keynes, MK11 3LW, UK
UKHW022116260726
13993UKWH00003B/1048